KB033931

엄마의 책 쓰기

엄마의 책 쓰기

나애정 지음

생각의빛

제1장 엄마라서 행복할 줄만 알았다

　　육아하면서 다시 공부를 시작했다 … 9

　　공부는 할 만큼 했는데 육아는 모르겠다 … 14

　　엄마가 되고 보니, 나의 한계를 알겠다 … 20

　　나의 감정 하나 내 마음대로 못 했다 … 26

　　아이는 엄마의 거울이다 … 31

　　닥치는 대로 읽어라 … 36

　　스스로 공부하는 최고의 방법이 책 쓰기이다 … 42

제2장 엄마가 책을 써야 하는 이유

　　혼자만 뒤처진다는 생각이 사라진다 … 48

　　잃었던 자존감을 회복한다 … 54

　　의식의 변화로 육아에 매몰되지 않는다 … 60

　　멀리 보는 관점을 가진다 … 66

　　엄마도 혼자만의 시간이 필요하다 … 72

　　책 읽을 기회를 삶에 세팅한다 … 77

　　글감을 찾는 관점으로 육아한다 … 83

　　엄마의 성장은 가족의 성장이다 … 88

제3장 엄마들의 초고 쓰기, 이렇게 완성해라

　　필사, 우습게 보지 마라 … 95

　　의심하지 말고 1일 1챕터 필사해라 … 100

　　책 쓰기의 2가지 관문, 목차 만들기와 1꼭지 쓰기 … 105

기운 빼지 말고 목차는 멘토와 만들어라 ··· 111

서론–본론–결론으로 연습해라 ··· 116

사례 문단 +사례 의미 문단이 쓰기의 가장 기본이다 ··· 121

인생 첫 책, 나의 이야기로 채워라 ··· 126

제4장 엄마들의 책 쓰기, 요것만은 꼭~! 실천하기

나도 작가라고 먼저 받아들여라 ··· 132

쓰기 위한 읽기는 자투리 시간을 활용해라 ··· 138

새벽 기상, 도전해라 ··· 143

주말 아침은 책 쓰는 장소로 이동해라 ··· 148

생각 없이 리모컨을 잡지 마라 ··· 154

아침 시간에 집안일 하지 마라 ··· 160

오전 시간, 1꼭지 쓰기 사수해라 ··· 166

제5장 당신이 엄마라면 책을 쓰라

아이만 키우면 지친다 ··· 173

엄마의 삶이 있어야 육아도 잘한다 ··· 179

아이 키우기와 책 쓰기는 찰떡궁합이다 ··· 184

책 쓰는 엄마, 아이가 보고 있다 ··· 189

이 시대, 아이에게 책 쓰는 기술을 가르쳐라 ··· 195

육아로 인한 스트레스, 책 쓰기로 판을 바꾼다 ··· 200

책 쓰기로 엄마의 삶을 재세팅해라 ··· 205

제1장

엄마라서 행복할 줄만 알았다

육아하면서 다시 공부를 시작했다

아이들을 키우다 보면, 크고 작은 일들이 자주 발생한다. 소소하게 발생하는 문제 상황들일지라도 어떻게 풀어나가야 할지 난감하다. 아이들 성장과 함께 발생하는 여러 가지 문제 상황들이 없을 수는 없다. 어쩌면, 아이들의 입장에서 보면 성장의 한 과정으로 정상적이라고 할 수 있다. 그렇다 하더라도 엄마의 적절한 처신과 중재가 필요하다.

아들은 벌써 5학년이다. 마흔이 넘어 낳은 아이, 언제 크나 주변에서 다들 걱정이 많았다. 나 또한 그랬다. 하지만 아들은 벌써 12살이 되었다. 최근 아들이 가장 관심 있어 하는 것이 게임이다. 아들이 좋아하는 게임의 이름은 영어 이름이라 들어도 잊어버린다. 나는 미디어의 접촉, 특히 게임 같은 것은 접촉 시기를 늦추려 했고 허락하더라도 시간제한을 두었다. 현재는 아이의 욕구를 전혀 무시할 수 없어, 일요일 1시간만 허락하게 되었다. 단, 음식점을 간다거나 차로 이동할 때는 스마트 폰 게임을 허락하기도 한다. 이런 상황이니, 아들은 게임이 하고 싶으면 외식하자고 말한다. 처음에는 이 사실을 인지하지 못했지만, 나중에는 알게 되었다. 게임을 향한 열정이 아들을 외식 좋아하는 아이로 만들고 있었다. 그래서 이제는 식당에서도 하면 안 된다고 선포했다.

어느 날 하루는 집에서 아들이 화장실에 들어갔는데 나올 생각을 하지 않았다. 그래서 문을 두드리면서, 아들의 이름을 불렀다. 아들은 배가 아프다며 조금 더 시간이 필요하다고 말했다. 그래서 그렇구나 하며 나는 하던 일을 계속했다. 시간이 흘렀다. 아마도 10분 정도 시간이 지난 듯하다. 아무리 생각해도 이상했다. 배가 아파도 이렇게 시간이 걸리는 것은 뭔가 이상했다. 그래서 생각을 해보았다. 딱 생각나는 것이 하나있다. 게임이었다. 아들은 스마트폰이 없고 내 스마트 폰은 내가 가지고 있다. 그래서 그냥 말을 건네 보았다.

"너 혹시, 게임하고 있니?"
잠시 조용하더니 아이가 답을 했다.
"응, 조금하고 있어. 알았어, 나갈게."

역시나, 아들은 게임 중이었다. 알고 봤더니, 아이는 내가 옛날에 사용했던 스마트 폰을 우연히 발견했고 집 안의 와이파이를 연결해서 그것을 사용한 것이었다. 이런 상황일 때, 어떻게 처신해야 할지 난감했다. 감정대로 혼낸다면, 아이도 나도 상처가 될 것 같았다. 이런 상황에서 엄마의 공부가 한몫을 하게 될 것이다.

나만의 감정조절 방법, 아이가 게임하고 싶어 하는 마음을 다른 곳으로 돌릴 방법, 화내지 않고 아이를 타이르는 법, 게임은 조금하고 좀 더 생산적인 일에 관심을 가지게 하는 방법, 이런 여러 가지 생각을 하면서 이런 것들에 대한 답을 찾고 싶다고 생각하게 된다. 엄마들이 아이들을 키우면서 궁금한 여러 가지 질문에 대한 답을 찾기 위해서 엄마들은 공부가 필요한 것이다. 아이가 어리면 어린 대로, 크면 큰 대로 엄마들이 공부해야 할 주제들은 있게 마련이다. 오로지 혼자만의 생각으로 그것을 풀어가기보다 전문가들의 의견을 읽고 들으면서 좀 더 합리적이고 효과적인 방법으로 아이들을 키우는 것이다. 엄마가 공부해야 하는 구체적인 이유를 정리해 보자면, 여러 가지가 있겠다.

육아에 대한 지식이 많을수록 아이를 위한 선택의 폭이 넓어진다. 엄마가 생각하는 문제 상황이 발생했을 때 어떻게 중재를 해야 할지 도움을 받을 수 있다. 아들이 나 몰래 화장실에까지 스마트 폰을 가지고 들어가 게임하는 상황에 대해 엄마인 나는 몹시 실망스러웠다. 하지만, 그 상황을 이렇게 생각할 수도 있다. 남자아이이기 때문에 게임을 좋아하는 것이다. 게임을 좋아하지 않는 남자아이는 없다. 문제는 게임을 너무 많이 하는 경우이다. 게임하느라 숙제도 못 하고 공부도 못 하는 것이 문제인 것이다. 만약, 아이가 스스로 할 일을 다 하고 한다면 적정한 시간을 정해서 게임을 허락하는 것은 어떨지 생각해볼 수 있는 것이다. 게임과 관련해서는 육아서나 다른 책으로 여러 사례를 읽을 수 있을 것이다. 그렇게 장기전으로 해서, 접근하는 지혜가 필요함을 생각할 수 있다. 그래서 아이와 합의하는 것이다. 그리고 아이가 스스로 엄마와 한 약속을 잘 지킬 수 있도록 적절한 환경을 만들어 준다. 게임이라는 것으로 아이와 감정상 거리가 멀어지지도 않으면서 게임도 적절히 할 수 있고, 공부도 할 수 있는 교육환경을 제공하게 되는 것이다. 이렇듯이, 엄마가 공부함으로써 미처 생각지 못한 다양한 측면을 동시에 생각해 볼 수 있다. 눈에 보이는 아이의 문제들에 광분할 수도 있지만, 또 한편으로 내가 공부한 대로 좀 더 새로운 대안으로 접근하는 지혜를 발휘할 수 있다.

공부하면서 육아에 대한 다른 관점을 가지게 된다. 육아, 제대로 잘 모른다면 당장 힘들고 피곤한 부분이 크게 부각된다. 마흔이 넘어 아들을 얻고서 지인이 나에게 이런 이야기를 했었다.

"낳는 것은 아무것도 아니에요. 이제 팍팍 늙어갈 정도로 아이 키우는 것이 힘에 부칠 수 있어요."

그녀의 말에 나는 설마 그럴까? 라고 생각했다. 하지만 그녀의 말을 이해하는 데 단 3개월도 걸리지 않았다. 아들은 태어나면서 낮과 밤이 완벽히 바뀌었었다. 낮에는 자고 밤에 깨어있고, 그야말로 지옥이 따로 없었다. 세상 모든 엄마가 위대해 보일 정도였다. 하지만, 아이마다 다르다는 것을 둘째가 태어나면서 알게 되었다. 둘째는 밤에 잘 잤다. 아들은 3개월이 지나면서 낮과 밤을 제대로 찾게 되었지만, 그 이후에도 키우는 것이 녹록지 않았다. 그래서 책을 읽기 시작했다. 육아서를 읽으면서, 육아의 세계를 조금씩 알게 되었다. 이런 공부가 없었다면, 육아라는 늪에서 벗어나지 못했을지 모른다. 공부를 하면서 아이를 키우고 가르치는 일에 대한 새로운 가치관이 생기게 되었다.

아이를 키우는 것은 힘든 부분도 있지만, 엄마에게 새로운 성장의 기회가 된다. 공부하면서 책을 가까이 할 수 있게 되고, 책을 읽으면서 많은 것을 배우고 깨닫게 된다. 나는 육아하면서 본격적으로 책을 읽기 시작했다.

육아에 대해 공부하기 위해서 육아서를 읽기 시작한 것이다. 책에는 모든 것들이 있었다. 육아 선배들의 알짜배기 육아 이야기들이 깨알같이 실려 있다. 엄마로서 제대로 성장할 수 있다. 경험을 통해서만 성장하기에는 늦다. 아이의 성장이 끝나기 전에 엄마는 먼저 성장해야 하기 때문에 육아서가 필요하다. 육아서를 읽다 보면 엄마로서의 성장뿐 아니라, 독서의 주제가 넓어지고 다른 분야로 관심이 확장되면서 계속된 성장과 배움이 일어난다. 육아로 인해 아이의 성장뿐 아니라 엄마의 성장도 함께 이루어진다. 엄마의 성장은 아이의 성장 이상으로 의미가 크다. 공부를 하다 보면, 육아에 대한 다양한 관점을 가지게 된다. 다양한 관점의 소유는 육아를 융통성 있게 생각하게 되고 엄마 삶의 일부로 생각하는 계기가 되어 긍정적인 관점에서 육아를 바라보게 된다.

엄마들은 아이를 키우면서 알아야 하고 배워야 할 것들이 많아진다. 왜냐하면, 엄마도 육아가 처음이기 때문이다. 아이가 어리면 어린 대로, 크면 큰 대로 엄마가 해야 할 공부가 있다. 물론 공부 없이 순수한 자신의 판단으로 아이를 키우고 가르칠 수도 있겠지만, 그런 엄마들은 많지 않을 것이다. 아이를 키우기 위해, 엄마 스스로 먼저 성장하기 위해, 모든 엄마가 자기 방식대로 노력한다. 그 이유는 단 한 가지이다. 내 소중한 아이를 좀 더 잘 키우고 싶고 훌륭하게 성장할 수 있도록 도와주기 위함이다. 공부함으로써 엄마는 점점 엄마다워진다. 웬만한 문제 상황에서도 흔들림 없는 자신의 육아관, 교육관을 가지면서 나만의 철학으로 아이들을 키워나가게 된다. 자신의 마음을 다스리면서, 다양한 관점을 가지고 시기적절하게 필요한 것들을 아이들에게 해주기를 바라는 엄마들, 그런 엄마들에게 공부는 꼭 해야 하는 필수항목이다.

공부는 할 만큼 했는데 육아는 모르겠다

나는 늦은 결혼과 출산을 했다. 첫째 아이는 내 나이 42세에 태어났다. 너무나 소중한 아이이다. 그리고 1년 7개월 후 둘째가 태어났다. 역시 보석 같은 아이이다. 세상에 태어난 모든 아이는 다 귀하다. 늦은 나이에 두 아이를 낳고 마냥 행복했다. 세상을 다 얻은 기분이었다. 어느 누구보다 잘 키워 보리라 마음먹었다. 어릴 때 내가 가져보지 못한 환경을 만들어 주리라 생각했다. 하지만 시간이 지나면서 이런 내 생각과 각오들은 점점 희미해졌다. 당장 키워내는 그 자체만으로도 몸이 열이라도 부족한 듯 허덕였다. 늦은 나이에 배불러 있을 때, 누군가가 나에게 한 말이 떠올랐다.

"이제 두고 봐요, 배 속에 있을 때가 가장 좋았다고 생각할 거예요."
"애 키우면 산 넘어 산이야, 늙는다니까!"

그 당시, 이 말이 무슨 말인지 잘 몰랐다. 이해는 되었지만 속속들이 알지 못했다. 하지만 지금은 그 말이 무슨 말인지 알겠다. 꼬박 3개월 동안 낮과 밤을 다르게 살게 한 첫째 아이를 키우면서 육아의 쓴맛을 제대로 봤고 그나마 순둥이인 둘째 딸아이를 키우며 잠시 한숨을 돌리면서 육아라는 것이 하면 할수록 오리무중, 공부가 필요하다고 생각하게 되었다. 모든 엄마들이 위대해 보였다. 낳는 것도 위대하지만, 키우는 것은 더 위대하다는 것을 뼈저리게 느끼게 되었다. 나도 배울 만큼 배웠는데, 육아는 그 배움으로는 한참 부족하다. 아이에 대한 공부, 육아에 대한 공부가 따로 필요함을 절실히 깨닫게 된 것이다.

육아하면서 공부가 필요한 이유는 여러 가지이다. 일단, 내가 살기 위해서 공부를 해야 한다. 그리고 엄마인 나로 인해, 가장 직접적인 영향을 받는 아이를 위해서 필요하다. 아이를 낳기 전까지의 공부는 잊어버리고 새로운 마음으로 다시 공부해야 한다. 사실 학교에서 아이 키우는 방법에 대한 구체적인 이야기나 배움을 가졌다면, 좀 더 쉬웠을까? 생각해 보기도 했다. 하지만 그것은 아닌 것 같다. 자신이 간절히, 필요함을 느낀 상황이 아니기 때문에 형식적인 공부가 되기 쉬웠을 것이다. 그래서 특히, 육아에 대한 공부는 아이를 키우면서 하는 것이 제대로 된 공부라고 생각한다. 그럼, 육아하는 엄마들이 공부해야 하는 구체적인 이유들에 대해 다시 한번 더 정리해 보고자 한다.

첫째, 공부하면 엄마들 숨통이 트인다.
나는 아이를 키우면서 육아서를 읽기 시작했다. 대략 200권 이상 읽었다. 이렇게 미친 듯이 읽었던 이유는 그 당시에는 잘 몰랐지만, 지금 생각하니 내가 살기 위해서였던 것 같다. 나이만 먹었지, 육아에 대해서 알지 못했고, 알지 못했기에 불안하고 심신이 힘들었다. 그런 상황에서 육아서는 가뭄의 단비와 같았다. 읽고 또 읽어도 새로운 정보와 지식, 지혜들이 쏟아져 나왔다. 육아에 대한 지식이 너무 없었기에 책 속의 내용들이 나의 숨통을 트여주는 역할을 해주었다.

둘째, 어떤 공부보다 즐겁게 한다.

가장 필요한 공부가 가장 재미있다는 것을 실감했다. 그 당시 육아서를 읽는 것이 나에게는 가장 큰 재미였다. 읽을수록 더 읽고 싶었다. 읽는 것이 너무나 당연한 일처럼 읽었다. 왜냐하면, 읽으면서 알게 되고 깨닫게 되는 것이 즐거웠기 때문이다. 즐겁지 않으면 한 주제로 200권을 읽을 수 있었을까? 육아하면서 육아서를 읽으면 누구나 재미를 느낄 수밖에 없다. 공부를 할 만큼 했지만, 육아서를 읽고 공부하는 것만큼 즐거운 게 없었다. 읽고 바로 적용도 하면서 최고의 공부가 된다.

셋째, 마음에 여유가 생긴다.

알게 되면 마음의 여유도 생긴다. 앎이 주는 마음의 위안이다. 육아라는 주제에 대해서 이제 막 그 세계에 들어선 엄마들보다는 더욱 여유로운 모습을 보이는 선배 엄마들이 이해가 간다. 육아는 알게 되는 만큼 여유롭고 자신감 있게 한다.

넷째, 확실한 근거를 가진 육아법으로 소신 있게 키운다.

엄마이기에 자기 아이는 잘 키울 수 있다. 하지만 공부하지 않고 과거 경험 즉, 자신이 키워진 방식대로 아이를 키우다 보면, 이제는 안 된다는 의식이 있기 때문에 고민한다. 그럴 때가 책을 보고 공부해야 할 때이다. 책에는 먼저 키운 사람들의 많은 사례가 있기 때문에 나의 육아방법을 조정해갈 수 있다. 책에 수많은 근거자료가 있다. 좀 더 합리적인 방법으로 아이들을 키울 수 있다.

다섯째, 엄마 공부의 가장 큰 수혜자는 아이들이다.

아이 입장에서, 엄마가 여유롭고 소신 있게 대해 준다고 상상해 보자. 든든하고 마음이 안정될 것이다. 아이들은 타고난 발달 수준에 맞게 시기 적절한 발달을 하게 된다. 때때로 주어지는 조금 다른 환경에서도 새로운 자극에 잘 적응하며 성장하게 될 것이다. 아이의 고른 성장과 발달에 엄마의 공부가 많은 영향을 끼치게 된다.

육아에 공부가 필요하다는 것은 엄마라면 누구나 인정하는 부분이다. 배우지 않고는 아이를 잘 키우기 힘들다는 공감대는 이미 형성되어 있다. 대입을 앞둔 엄마들만이 정보와 지식, 지혜가 필요한 것이 아니다. 오히려 어린아이들이나, 초등학생 엄마들이 더 많은 공부가 필요할 것이다. 왜냐하면, 어릴 때의 경험이 평생에 영향을 미치기 때문이다. 대학 떨어져도 다시 일어날 수 있는 힘, 인생에서 성공할 수 있는 인성이나 마인드는 어릴 때 더 발달한다. 엄마와 아이에게 중요한 육아 공부, 다른 공부에 비해서 특별히 다른 점이 있다.

육아는 엄마 스스로 공부해야 한다는 것이다. 초·중·고 12년과 대학 과정, 긴 세월 공교육과 사교육을 받았지만, 아이 키우는 것에 대해서 공식적으로 가르쳐 주는 곳은 많지 않다. 일부 사설 기관에서 이 주제를 다루고 있을 수도 있지만, 일시적이고 단편적이다. 그래서 육아공부는 자기 스스로 해야 한다는 점을 먼저 인지해야 하겠다.

나는 아이가 어릴 때, 육아서 읽기를 남편한테 권했었다. 육아서를 읽으면서 공부한 그것들이 너무나 소중하고, 실제 아이들을 키우는 데도 도움이 된다는 것을 알고 남편에게도 꼭 읽으라고 이야기했다. 남편도 아이를 잘 키우고 싶은 욕심이 컸기에 육아서를 읽기 시작했다. 육아서를 읽는 동안 비교육적인 행동과 생활을 자제하고, 아이들을 염두에 둔 생활과 훈육을 하는 모습을 보였다. 새로운 육아라는 정보가 머리에 들어오기 때문에 행동에도 자연스럽게 변화가 일어난 것이다. 이렇게 남자들도 육아서를 읽고 공부를 하면 변화된다. 엄마들이 읽고 공부한다면 더욱더 많은 자극을 받게 될 것이고, 아이들은 지금보다 더 좋은 환경에서 자라게 되는 것이다. 스스로 공부하는 첫째 방법은 바로 읽는 것이란 것을 그때 많이 느꼈다. 읽는 것은 언제든지 읽을 수 있고 자신의 의지로 오랫동안, 꾸준히 할 수 있다. 사실 아이들을 키우는 것은 아이의 나이대별로 항상 알아야 할 정보와 지식이 요구된다. 엄마들은 긴 시간 동안 스스로 읽으면서 공부하는 것이 필요하겠다.

2년 전 책을 쓰고 보니, 엄마에게 공부하는 최고의 방법이 책 쓰기라는 것을 느끼고 있다. 책을 쓰기 전에는 잘 몰랐다. 책 쓰기는 읽기를 전제로 한다. 책을 쓰는 사람은 누구나 읽는다. 왜냐하면 책을 읽음으로써 아이디어와 자료를 얻기 때문이다. 작가 중에 여기에서 벗어난 사람은 거의 없다. 평상시에 읽든, 책 쓰기 주제를 정하고 그것을 집중적으로 읽든, 책 쓰는 사람은 책을 읽게 된다. 읽은 것을 다시 정리해서 글로 써내면, 이것이 책 쓰기가 된다. 그렇기에 혼자 공부하는 엄마들에게 스스로 공부하는 최고의 방법은 책 쓰기가 되는 것이다. 책 쓰기에도 도전해 보자.

육아는 엄마들에게도 새로운 영역이다. 공부를 많이 했다고 육아를 더 잘 알고, 더 잘하는 것은 아니다. 완전 새로운 경험이기 때문에 공부가 필요하다. 우리의 인식이나 사회적 분위기에, 옛날부터 육아는 여자라면 누구나 해오던 것이기에 특별하게 어려움 없이 할 수 있다고 가볍게 생각하는 경향이 있다. 그렇기 때문에 아이를 키우는 주제에 대해 심도 있게 생각하지도 않고 이 부분을 가르치고 다루는 기관도 별로 없었다. 나 또한 그리 생각했다. 하지만 닥쳐보니, 육아가 가장 어려운 한 부분이란 것을 인지하게 되었다. 이것만큼 공부가 필요한 분야도 드물다고 판단한다. 읽고 알고 공부하면 누구나 잘할 수 있는 것, 또한 육아라는 깨달음으로 모든 엄마가 읽고 공부하고 쓰기를 바란다. 스스로 읽고 공부하고 쓰기가 엄마들이 평생 해야 할 일임을 강조하고 싶다. 엄마들은 아이가 작든, 크든 절대적인 영향을 미치는 존재란 것을 기억하길 바란다.

엄마가 되고 보니, 나의 한계를 알겠다

어제저녁에는 저녁을 먹자마자 누웠다. 만사 제쳐 두고 드러누웠다. 몸이 더 이상 움직이기를 거부하니, 선택의 여지가 없었다. 초등학교 5학년인 아들은 요즘 고기반찬을 부쩍 찾는다. 상추에 쑥갓을 올리고 거기에 밥 반 숟가락과 고기 한 점, 외할머니가 직접 담그신 쌈장 얹어 주먹만 하게 싸서 입 안 가득 채워 씹어 먹는 것에 맛 들였다. 아들 생각하면서 장 보고, 저녁 준비하고 밥 먹고 나니 에너지가 바닥이다. 오후 시간이 되면 아주 피곤해진다. 나이가 있어서 그럴 수도 있고, 아니면 나의 삶이 너무 피곤해서 그럴 수도 있겠다. 그 외에 여러 이유가 있겠고, 나는 곰곰이 나의 생활을 들여다봤다.

코로나바이러스 여파로 세상이 변했다. 모든 것들이 기존의 것에서 180도 변화된 모습이다. 변화의 근본적인 이유는 사람들이 모일 수가 없다는 사실이다. 그래서 사람들이 모여야 가능한 모습들이 온라인 세계로 흡수되었다. 현실에서 모이지 못하니, 온라인 세계에서 모이는 수밖에 없는 상황인 것이다. 아이들 교육도 마찬가지이다. 아이들은 현재 온라인 수업을 받고 있다. 학교도 가고 있지만, 일주일에 한 번 정도. 나머지는 온라인으로 수업을 한다. 정해진 시간에 컴퓨터나 기타 기기를 켜고 학교에서 정해준 스케줄에 맞추어서 과목별 수업을 듣는다. 과제도 있다. 그 과제를 제출해야 그날 출석이 인정된다. 등교 강박 없어 다소 느긋하게 하루를 시작하는 장점도 있지만, 학교에서 배워야 할 것들을 집에서 해야 하니 제대로 배움이 일어나나? 하는 의구심이 생긴다. 그 외에 여러 가지 어려움이 서서히 드러난다.

온라인 수업으로 엄마들의 역할이 많아졌다. 아이 깨워서 책상에 앉히는 것부터 난관이다. 이제는 몇 개월 지난 상태라 좀 익숙해졌다고 하더라도 전날 늦게 잔 날은 시작부터 쉽지 않다. 그리고 초등 4, 5학년 교과서이지만, 나도 잘 몰라 아이가 질문할 때 곤란한 경우가 있다. 그래서 나는 스스로 학생이 되어 온라인 수업의 앞 과정을 듣고 아이에게 조언해 준다. 엄마도 꼼짝없이 초등 자녀의 온라인 수업을 들어야 하는 이유가 이것이다. 처음에는 이렇게까지 할 줄 몰랐지만, 아이가 물어보는데 아무렇게나 답해줄 수는 없기에 온라인 수업을 듣게 된다.

아들 담임선생님은 수시로 연락이 온다. 아주 성실한 선생님이다. 교사로서 사명감이 투철하고 모범이 될 만한 선생님이다. 아이들은 필리핀에 갔다 오자마자, 코로나 상황이 장기전으로 갈 것 같다는 전제하에 집 주변 초등학교에 전학시켰다. 필리핀 가기 전에 대안학교를 다녀서 일반 학교는 처음인 아들이 잘 적응하기를 바라면서 입학을 시켰는데, 담임선생님이 온라인 수업 상황이지만 꼼꼼히 잘 챙겨주어 항상 감사하다. 아침 온라인 수업하는 곳에 입실이 늦으면 집으로 전화를 하신다. 아이가 과제를 제대로 못 냈을 때도 아이와 통화를 원하신다. 상냥하면서 무섭지 않게 아이 수준에 맞추어 다시 가르쳐 주신다. 참 고마운 일이다. 그렇다고 해도 엄마의 역할이 더 많아진 것은 사실이다. 직장 맘일 경우에는 아이들이 온라인 수업을 어떻게 할까? 궁금해진다. 초등학생이라 옆에서 도와주어야 할 일이 많은데, 그 일을 아이 혼자서 한다는 것이 쉽지 않기 때문이다. 추측건대, 아이 혼자 하지 못한 일들을 아마도 담임이 챙기지 않을까 싶다. 직장에 나가 있는 엄마들은 집에 아이들만 있다면, 마음이 편치 않을 것이다.

시대가 어수선해도, 시대가 열악한 상황에서도 엄마들은 상황에 맞게 아이들을 챙긴다. 내 자식이기에, 코로나 상황일지라도 1순위는 항상 아이들이다. 어린아이일 경우 대처능력이 아직 부족하기에 그 역할을 엄마가 해준다. 성장할 때까지 엄마는 항상 아이들의 든든한 지원자이며 방패막이가 되어준다. 이런 과정에서 엄마들도 함께 성장하게 된다. 사실, 성장을 하기 전에 결핍과 한계를 먼저 느낀다. 엄마도 인간이다. 엄마라고 모든 것을 다 해줄 수 있는 것은 아니다. 배워가면서 아이들에게 가장 좋은 것들을 해주려고 노력하는 것일 뿐이다.

엄마라는 상황을 생각해 보았다. 엄마라는 상황은 아이를 전제로 존재하게 된다. 아이를 일단 끊임없이 돌봐 주어야 한다. 어리면 어린 대로, 나이가 들면, 나이 든 대로 챙겨야 할 일들이 있다. 지금 나의 아이들은 초등학생이다. 나의 친구들은 말한다.

"중고등학생 되어봐. 그때는 머리가 커서 더 골치 아플 때가 많아."

"초등학생 때는 그래도 낫다."

　지금이 낫다니? 라고 반문하지만, 엄마이기에 받아들여야 하는 부분이다. 사실, 자식이 주는 기쁨도 크기 때문에 힘들어도 상쇄가 되는 것이다. 그래도 몸이 피곤하고 이것이 나의 한계구나 하는 상황이 많다.

　엄마의 힘 빠지는 상황 중 하나가, 그 누구한테 칭찬 한마디 듣기 어렵다는 것이다. 엄마도 인간인지라, 이왕이면 칭찬해 준다면 더 힘이 나지 않을까 싶다. 자기 자식 자기가 키우는데 웬 칭찬이냐고 여긴다. 가족한테도 칭찬 못 듣는다. 특히, 남편한테 그런 대접을 받으면, 은근히 화가 치밀어 오른다. 남편이 없으면 모를까 버젓이 있는데 남편이 나 몰라라, 당연한 일이라 하면 화가 난다. 자식이 내 자식이기만 한가? 자기 자식은 아닌가? 라고 몸이 피곤하고 힘들 때는 뿔난 황소처럼 받아친다. 사실, 독박육아를 하는 엄마들이 많다. 남편은 돈 벌어다 준다는 명분으로 자식 교육하고 키우는 데 한발을 떼고 있는 경우가 있다. 이런 경우 다소 걱정스러운 부분이 있다. 나는 확실히 말해주고 싶다. 남편들이 정말 후회할 일이 이런 일이라고. 어릴 때, 아빠의 정을 받지 못하고 자란 아이들은 커서도 아빠에게 정을 느끼지 못할 수 있다. 아빠들은 불쌍한 아버지가 될 가능성이 높다. 나이 들어 정서적으로 자식들에게 배척당하지 않으려면 지금부터 돈 이야기 하지 말고, 아이들과 장난도 치고, 자주 놀아주어야겠다. 독박육아를 하는 엄마들, 정말 그동안 경험하지 못한 인내심의 한계를 매일 느끼면서 살고 있다. 이럴 때 남편의 수고한다는 말 한마디가 얼마나 마음을 달래주는 가뭄의 단비가 되는지 모른다. 오늘도 칭찬 한마디 없는 끝없는 육아의 터널에서 엄마들은 한계를 극복하며 살고 있다.

엄마라는 상황에는 내적 힘이 요구된다. 엄마들은 휴가가 없다. 엄마라는 역할은 끊임없이 요구된다. 아이들 먹이고 입히고 재우며, 요즘은 온라인 수업도 돌봐주어야 한다. 아이들의 요구는 끝이 없다. 돌봐주어야 할 일만 존재하지, 엄마인 자신이 돌봄을 받을 수 있는 경우는 많지 않다. 아이가 태어나기 전에는 쉬고 싶으면 언제든지 쉴 수 있었다. 먹고 싶으면 먹으러 가고, 오로지 나 자신의 욕구 중심으로 나의 삶이 움직여졌다. 하지만, 엄마가 된 지금은 아니다. 엄마 삶이 아이 중심으로 이루어지는 경우가 대부분이다. 아무리 피곤해도 나 자신보다는 아이를 위해 움직인다. 아이가 우선이다. 내가 배고픈 것은 참을 수 있는데 아이를 배고프게 해서는 안 된다. 마음이 그러니, 엄마의 일은 뒷전이 된다. 아이가 어릴수록 더 그렇다. 그렇기 때문에 엄마는 강해야 한다. 외적으로도 강해야 하고 내적으로도 강해져야 한다. 반복되는 힘든 상황을 참을 줄 알아야 하고 인내해야 하며, 나 자신이 아닌 부분을 위해 때론 희생의 시간을 갖기도 한다. 엄마라는 이름으로 그렇게 되어 간다.

엄마가 되어 보니, 나의 한계를 제대로 느낀다. 엄마가 되기 전에는 한계라고 할 것까지도 없는 상황들이 주를 이룬 삶이었다. 적당히 내가 견딜 만한 상황이었다. 만약 힘들면, 조금 비껴가면 되었다. 때론 이런 것도 삶의 지혜라 여기고 살았다. 하지만 엄마가 되면서, 약간 비껴갈 수 있는 변칙이 통하지 않는다. 만약 그렇다면, 바로 영향이 가는 것이 아이이기 때문이다. 모성애라는 말이 왜 있겠는가? 내 자식한테만은 최상으로 좋은 것들을 해주고 싶은 욕심이 엄마들에게는 있기 때문이다. 그렇다. 그런 욕심 플러스 육아의 상황이 있기 때문에 엄마들은 매번 자신의 한계를 느낀다. 한계 가운데서도 자신의 능력을 최대로 끌어올려 아이들을 키우고 있다. 외관상 보이는 모습이 아닌 듯 보이지만 내면은 다들 이런 마음으로 아이들을 키우고 있는 것이다. 엄마라서 더욱 느끼게 되는 나의 한계, 이제는 조금씩 극복하면서 나의 능력을 더욱 키워보리라 각오해 보자. 엄마이기에 느끼는 한계인만큼, 엄마이기에 더욱 성장해 보리라 다짐하자.

나의 감정 하나 내 마음대로 못 했다

아이들을 키우다 보면 감정이 격해질 때가 있다. 요즘처럼 코로나19 세계적인 팬데믹 전염병 상황으로 학교에는 가끔 가고 집에 있는 시간이 많아지니 그런 일이 잦다. 이성적으로 감정을 누르려고 해도 어쩔 수 없을 때가 있다. 화를 내고 나면, 왜 그랬을까? 항상 후회하지만 그 당시에 잘 넘기기가 쉽지 않다. 이런 경험을 얼마나 더 해야 하는가? 혼자서 생각해 본 적도 있다. 시간이 지나고 엄마 경력이 더 쌓인다면 좋아질까? 아이는 아이일 수밖에 없는데, 아이에게 어른의 수준을 요구한 내가 잘못이란 것을 버럭 화를 낸 뒤에 인지한다. 아이가 어른 같다면 무슨 걱정이겠는가? 아이가 아이다워서 혼날 짓만 골라서 하는 것인데, 그리고 혼날 짓이란 것도 엄마의 기준일 뿐인 것이다. 아이에게는 세상의 모든 것이 호기심의 대상이기에 그 호기심을 해소하기 위한 하나의 몸짓일 뿐인데, 이해력이 부족하거나 자기 분을 참지 못해 매번 아이를 잡는 경우도 있었다. 육아하는 동안 내 감정 하나 마음대로 안 될 때가 많다.

　최근 아이들을 혼낸 때가 있었다. 첫째와 둘째가 혼나는 이유가 다르다. 첫째인 아들은 주로 게임 때문에, 딸은 잘 치우지 못하는 습관 때문에 잔소리를 듣는다.

　아들과 딸은 현재 핸드폰이 없다. 아이들이 필리핀 세부를 가기 전까지 대안학교를 다녔고, 그 학교의 영향으로 최대한 미디어 접촉하는 나이를 뒤로 미루기 위해 지금도 핸드폰을 사주지 않고 있다. 아이들은 이것에 대해서 강하게 요구하지는 않는다. 다만, 하루에 한 시간씩 유튜브를 보고, 주말에는 하루 한 시간 게임을 한다. 물론 엄마 혹은 아빠의 핸드폰을 사용하고 있다. 게임이란 것이 처음에는 조금만 해도 만족하다가 시간이 지날수록 하고 싶은 게임의 종류도 많아지고, 1시간도 부족하다고 느끼는 것 같다. 요즘은 게임프로그램에 만화책도 나와서, 특정 게임 만화책도 사달라고 아들은 이야기한다. 그렇게 만화책을 보고 또 게임에 매일 출석 체크도 한다고 한다. 필리핀 가기 전만 해도 게임을 거의 하지 않았는데, 필리핀 학교에서 아이들이 하는 것을 보고 금방 다양한 게임을 배워왔다.

　하루는 화장실 서랍장의 수건을 정리하다가 수건사이에서 있는 핸드폰을 보게 되었다. 과거 사용했던 핸드폰이다. 아이들은 버리지 않고 있던 남편과 나의 핸드폰을 어느 날 발견하고선 그것에 와이파이를 연결해서 사용했다. 나의 허락 하에 아이들은 옛날 핸드폰을 사용했었는데 그 핸드폰이 화장실의 수건 사이에서 나온 것이다. 알고 보니 아들은 화장실에서 그 핸드폰을 사용했다. 나는 아들에게 어떻게 된 것인지 질문했다. 아들은 사실대로 이야기했다. 화장실 사용할 때 그 핸드폰을 사용했다고 한다. 핸드폰 사용하는 시간이 정해져 있는데, 그렇게 사용하는 것은 약속을 어기는 것과 같다고 아이를 혼내주었다. 사실 평상시 거짓말이 가장 나쁜 것이라고 강조한 터라, 아이가 거짓말과 비슷한 일을 버젓이 하고 있었다는 상황이 너무 화가 났다. 아주 몹쓸 짓을 한 사람인 양 아이를 호되게 혼냈다. 감정이 주체가 되지 않았다. 그나마 이래서는 안 된다고 생각하면서 자제하고 자제해서 이야기했지만 화난 감정을 억누를 수는 없었다.

아이를 키우다 보면 이런 실망스러운 일은 수도 없이 발생할 것이다. 아이의 욕구를 인정하고 더 좋은 방법을 함께 찾아가야 했다. 아이는 게임을 너무 하고 싶어서 자기 나름대로 그 욕구를 채울 방법을 찾은 것이다. 엄마에게 이야기하면 엄마가 들어주지 않을 것이란 생각으로 말하지 않고 스스로 다른 방법을 찾게 된 것이다. 엄마가 좀 더 이성적으로 판단해서, 아이의 욕구를 조금은 해소하면서 바른길로 인도하는 지혜가 필요하다. 하고 싶은 것을 차단한다고 그것이 차단되는 것은 아닐 것이다. 엄마의 눈에는 단지 차단된다고 여겨질 뿐일 것이다. 아이는 엄마가 보지 않는 장소에서 엄마가 싫어하는 그 일을 몰래 한다. 집 안 화장실이 아니라도, 친구 집에 공부하러 간다고 하고는 친구 집에서 맘껏 게임을 할 수도 있는 것이다. 아이의 나쁜 습관을 감정적으로 누른다고 해결되는 것은 아니라는 생각을 하게 된다. 아이를 혼내고 난 다음에는 정말 이것은 아니라는 생각이 들 것이다.

나는 둘째 아이에게도 종종 화를 낸 적이 있다. 둘째 아이는 정리 정돈해야 한다는 개념이 약하다. 시작은 잘하는데, 그것을 끝내고 나서 원래 자리로 갖다 두는 정리가 잘 안 된다. 아마도 아직 어려서일 것이다. 나의 어릴 때를 생각해 보면 쉽게 이해가 된다. 호기심 때문에 그것을 시작하지만, 그것이 완전히 끝나기도 전에 또 다른 일이 떠오른다. 새로운 일이 생기면 그 전 일은 뒷전이 된다. 당장 관심 있는 그 일을 해야 하기에 정리는 잘 안 되게 된다. 어린아이이기 때문에 그렇다고 생각해야 하는데, 이런 상황이 반복되면 내 마음 깊은 곳에서 스멀스멀 올라오는 화를 누르지 못하게 된다.

아이들이란 특성을 잘 이해해야 한다. 사람 심리에 대한 공부도 필요하다. 아이가 있기 전에는 이런 상황에 놓여있었던 적이 없다. 어른과 어른의 관계이니 이해 가는 부분이 많고, 정 이해 불가인 상대일 경우에는 최소한의 접촉만 하면 된다. 아니면 심리적 차단이란 극단적 방법도 간혹 사용한다. 하지만 아이는 아니다. 내 아이는 안 된다. 아이의 나쁜 습관이 될 수 있는 상황을 만났다면, 일단 내 자식이니 가르쳐 바로잡아 주어야 한다. 물론 나이가 들면서 스스로 깨우치는 경우도 있지만 불확실하게 기다릴 수만은 없고 대부분 가르쳐 주는 쪽이 된다. 부모이기 때문이다. 또한, 부모이기 때문에 화도 난다.

부모가 화를 내면서 그 감정을 있는 그대로 표현한다면 아이에게는 좋지 않은 환경이다. 왜냐하면, 일단 아이가 겁을 먹기 때문이다. 겁을 먹은 이후부터는 훈육이 제대로 되지 않는다. 교육은 두려움을 느끼지 않는 상태에서 가능한 것이다. 어른이 화를 낼 때, 아이는 겁을 먹고 복종하게 된다. 복종하는 상황에서는 나쁜 습관보다 더 나쁜 기억이 저장된다. 빈대 잡으려다가 초가삼간 태운다는 옛말이 딱 적용되는 경우이다. 명분이 있는 감정 폭발이라도 나쁘다. 감정 폭발 그 자체가 비교육적인 것이다. 특히 그 대상이 어린 아이라면 더욱 자제해야 할 일인 것이다.

나는 아이를 키우면서 나의 부족함을 많이 느낀다. 아이가 나쁜 행동을 했을 때는 그것이 아이의 탓인 듯 몰아세우게 된다. 엄밀히 말해서 아이니까 그렇다고 생각해야 하는데, 그 당시에는 잘 인지가 되지 않는다. 내 감정 통제가 잘되지 않는다면, 아이에게도 본인에게도 전혀 도움이 되지 않는다는 것을 알면서도 현실에서는 자꾸 감정조절에 실패하게 된다. 이럴 때일수록 마음의 관리가 필요함을 느끼게 된다. 부족함을 느끼는 만큼 엄마들에게 필요한 것이 공부이다. 엄마들이 해야 할 공부는 많다. 먹이고 입히고 재우는 것만이 부모 역할을 다 한 것이 아니다. 좀 더 정신적으로 좋은 영향을 주는 것이야말로 부모의 가장 큰 역할이라고 할 수 있겠다. 그런데 감정 폭발하는 모습만 보여주어서 되겠는가? 시간이 지날수록 엄마로서 배움이 필요하다는 마음이 절실하다. 스스로 배움을 이어갈 방법을 고민하게 된다. 책을 출간한 지금, 나는 스스로 공부하는 최고의 방법 중 하나가 책 쓰기임을 발견하게 되었다.

사실, 감정을 자제해야 할 때가 많다. 감정을 통제하지 못하고 나서 후회도 한다. 자주 있다면 자괴감마저 든다. 아이들을 사랑하는 엄마이지만, 사랑하기 때문에 더욱 감정이 격해지는 것이다. 아이이기 때문에, 아이의 수준에서 잘못한 행동을 큰일이나 난 것처럼 아이를 몰아세우게 된다. 엄마들이기 때문에 이런 상황을 더 자주 경험하게 된다. 감정적으로 아이들을 대하는 것은 금기사항이다. 아이가 어떤 잘못을 하더라도, 격한 감정을 보인다면 아이는 두려움을 느끼게 될 것이다. 그래서 엄마라면 자신의 감정 표출을 경계해야 함을 강조한다. 감정을 스스로 조절하기 위해서 엄마들은 평상시 꾸준한 공부가 필요하다 하겠다. 책 쓰기가 엄마들의 감정을 조절하고 아이들에게 좋은 영향을 미칠 꾸준한 공부 방법이라고 권한다. 책 쓰기, 수시로 읽고 쓰는 그것이 엄마에게 적당한 처방이 될 수 있음을 다시 한번 더 강조한다.

아이는 엄마의 거울이다

큰아이와 작은 아이가 노는 것을 보았다. 큰아이는 아들이다. 둘째 아이는 여자아이로 보통 여자아이들이 그렇듯이 조잘조잘 말하면서 노는 것을 좋아한다. 혼자서도 중얼거리며 말하거나 오빠와도 주거니 받거니 하면서 점점 말하는 실력이 좋아지고 있다. 둘째는 가끔 초등학생 4학년이 사용하기에는 수준 높은 단어를 말한다. 그럴 때는 어른처럼 느껴진다. 아들도 그런 것을 느꼈을 것이다.

"너는 분위기 파악을 못 해!"

아들이 갑자기 고함을 지른다. 잘 놀다가 무슨 날벼락! 아들은 큰소리로 다시 한번 더 이야기한다. 딸은 잠시 머뭇거리다가 오빠를 향해 반격한다. 자세히 관찰해 보니, 아들은 딸에게 말발이 딸린다고 여겨질 때 분위기 파악을 못 한다고 큰소리로 면박을 주는 것이다. 아들도 말이 느린 편은 아니다. 오히려 딸보다 말하는 속도가 빠르고 말의 내용에 있어서 더 세세한 부분까지 언급한다. 하지만 남자아이라서 그런지 가끔 말이 막힐 때는 그런 식으로 오빠로서의 권위를 유지하려고 한다.

생각해 보니 이 말은 내가 한 말이었다. '너는 분위기 파악을 못 해!'라고 다소 자존심이 상할 수 있는 이 말이 내가 아들에게 한 말이었다는 것을 기억해냈다. 아들은 그 말을 엄마한테서 듣고 만만한 여동생에게 하고 있다. 내가 그 말을 할 때는 잘 몰랐는데 딸의 입장에서 그 말을 들어보니 당사자는 아니지만, 자존심이 몹시 상할 수 있는 말이라는 것을 느꼈다. 아들은 내가 훈육하면서 한 그 말에 자존심이 상했을 것이고 그래서 머리에 각인되었을 것이다. 내가 아이에게 상처를 주는 그 말을 가르쳐 준 것이나 마찬가지 결과가 되었다.

게임을 알게 된 아들은 시시때때로 기회를 엿본다. 아들은 스마트 폰이 없지만 게임을 알게 되었다. 아마도 1년 전 필리핀 학교에서인 듯하다. 1년 반 정도 세부 살이를 하면서 아이들은 필리핀 학교에 다녔다. 필리핀 아이들은 한국 아이들만큼 스마트 폰을 많이 가지고 있지는 않다. 아이들이 다닌 학교는 사립학교였다. 그나마 잘사는 현지인들이 보내는 학교였다. 아침에 아이들을 태워주는 엄마들이 타고 오는 차를 보면 '탱크'가 연상된다. 탱크 같은 큰 차를 몰고 다닌다. 그 정도 부자인 현지인들이 자녀들을 보내는 학교였다. 물론 아닌 부모들도 있다. 수홍이 반은 한 반에 40명 정도 되었다. 4학년 때부터 합반이 되다 보니 인원이 많아졌다. 그곳에서 부자인 부모를 둔 현지인 아이들은 스마트 폰을 가지고 있다. 그때 함께 어울리면서 알게 되었고, 또한 한국 아이들도 2~3명 있다 보니 자연스럽게 게임을 접하게 되었다.

게임을 하기에 가장 좋은 때는 엄마가 다른 사람과 이야기할 때이다. 이때만큼은 엄마의 스마트 폰을 사용할 수 있다. 어느 순간, 아들은 절호의 이 기회를 알게 되었다. 그래서 내가 중요한 일로 어떤 사람과 대화를 하고 있는 때, 아들은 내가 항상 가지고 다니는 가방을 만지면서 스마트 폰을 달라고 성화를 부린다. 사람들이 있을 때는 엄마가 화를 내지 않는다는 것을 이미 파악한 상태이다. 아이들은 정말 영리하다. 언제 어떻게 행동해야 할지 어른보다 더 잘 알고 있는 것 같다. 이때다 싶은 상황에서 아들은 스마트 폰을 결국 가지고 가서 평상시 하지 못한 게임을 신나게 했다. 그날 아들은 나에게 혼이 났다.

나도 인간인지라 아들에게 혼을 낼 때 하지 말아야 할 말을 하게 된다. 그 대표적인 것이 "너는 분위기 파악을 못 한다."라는 말이었다. 대수롭지 않게 여겼던 이 말이 막상 내가 들어 보니 자존심에 상처를 내는 말이었다는 것을 알게 되었다. 엄마인 내가 바쁜 상황일 때 조용히 있기를 바라는 마음에서 그런 격한 말을 했을 것이다. 아들은 처음에 그 말을 들었을 때는 당황했을 것이다. 생전 처음 듣는 말, 어쩌면 명확한 의미를 파악하지 못했을지 모른다. 하지만 좋지 않은 표현이고 자신의 기분을 상하게 하는 말이란 것을 느끼게 되었을 것이다. 그리고 자존심도 상하는 것 같고, 그냥 상대방으로부터 인정받지 못해 속상한 마음도 드는 그런 말이란 것을 직감적으로 알게 된 것이다. 그래서 엄마가 화를 냈고 화를 내면서 그런 말을 했는데, 기분이 상했다는 기억을 가지고 동생한테도 똑같이 그 표현을 사용한다. 아들은 동생한테 자기가 느낀 부정적인 감정을 느끼게 해 주었고 다음에는 친구들에게도 그 말을 사용할 것이다.

엄마가 무심결에 한 말, 아이들은 그런 말들을 배운다. 좋은 말은 좋은 말대로, 나쁜 말은 나쁜 말대로 그대로 배우고 그것을 사용한다. 이것은 어쩔 수 없는 상황이다. 아이에게 엄마라는 환경은 절대적이기 때문이다. 엄마의 모든 것을 배우게 될 것이다. 엄마의 생활습관, 말 습관, 음식습관 그 무엇도 아이에게 영향을 미치지 않는 것이 없다. 엄마라는 모습이 아이에게 그대로 투영이 된다. 마치 거울과 같다. 그렇기 때문에 내 아이만큼은 예의 바르게 말하고, 아무리 화가 나도 자신의 품위를 유지하는 언어습관을 익히고 좀 더 잘 성장하기를 바란다면 엄마 스스로가 자신에 대한 점검이 있어야 한다. 그러려면 또 공부를 해야 한다. 아이를 위해서도 엄마 자신을 위해서도 공부는 엄마에게 가장 필요한 부분이 된다.

엄마가 자신을 점검하는 방법으로 자신의 장단점을 찾아보기를 권한다. 수를 계산할 때도 어림계산이란 것이 있다. 더하기든 곱하기든 대충 어림잡아 100은 넘지 않겠다, 200은 넘지 않겠다는 식으로 계산하는 것이 어림계산이다. 이 어림계산은 계산을 잘못하여 손해 보는 것을 막을 수 있는 초 간단 계산법이다. 이것이 없다면 계산한 것이 제대로 나왔는지 검사 없이 바로 일이 진행될 수 있는데, 이런 실수를 예방할 수 있는 것이다. 자신의 장단점을 확인하는 것도 마찬가지이다. 예를 들어 '나는 아침밥을 먹지 않아.'라는 단점을 생각했다면 아이도 이것의 영향을 받을 수 있다. 사실 아침 식사는 중요하다. 특히 성장기의 아이들이 아침 식사를 잘하는 것은 신체적 성장에서 꼭 필요한 기본적인 부분이다. 엄마가 아침을 안 먹는다면 아이들도 그럴 가능성이 크기 때문에 이것은 꼭 고쳐야 할 단점이 되겠다. 나의 장점으로 책을 열심히 본다고 적었다고 해보자. 그렇다면 아이에게 독서습관을 기르게 하는 환경을 만들어 줄 가능성이 높다. 설사 지금 아이가 책을 잘 읽지 않더라도, 독서습관을 형성하기 좋은 환경이기에 닦달하지 말고 꾸준히 독서하는 모습을 보여주면서 조금씩 동기부여를 한다면, 반드시 독서습관을 형성할 수 있을 것이다.

단점 3가지만 찾아서 고쳐보자. 엄마이기에 단점도 찾는 것이다. 엄마의 습관이 아이들에게 그대로 전달될 가능성이 크기 때문에 아주 간단하면서 효과 있는 이 방법을 해보는 것이다. 지금 바로 생각해 보자. 가장 먼저 떠오르는 단점이 있을 수 있겠다. 지금 당장 큰일이 나지는 않겠지만, 장기적으로 봤을 때 아이가 그것을 닮는다면 다방면으로 나쁜 영향을 미칠 것 같은 단점을 찾아 고쳐보도록 하자.

아이는 엄마의 거울이다. 엄마가 하는 말과 행동, 모든 습관을 닮는다. 아이에게 엄마는 절대적 환경이기 때문에 더욱 그렇다. 이것에 대한 인지를 엄마들은 먼저 가져야 한다. 그래서 엄마이기에 좀 더 바르게 살아야 한다는 결론에 도달하게 된다. 엄마이기에 아이들이 성장했으면 하는 모습으로 엄마 자신이 먼저 변화되어야 한다. 자신을 점검하고 자신의 단점이라 여기는 것은 바꾸어 가는 노력을 하면서 공부해야 한다. 읽고 쓰면서 자신은 조금씩 변화되어 갈 것이다. 아이는 엄마의 거울이란 말을 가슴에 담고, 공부하는 엄마가 되기를 바란다.

닥치는 대로 읽어라

육아를 하는 엄마들에게 힘든 부분이 있다. 엄마도 처음부터 엄마이지 않았다. 아는 것보다 모르는 것이 훨씬 더 많다. 배워가면서 익혀가면서 엄마가 되어 간다. 육아가 힘든 엄마들이 진정한 엄마가 되어 가는 과정에서 책이 주는 가치는 최상이다.

나는 육아에 대해서 초보였다. 그래서 답답했다. 학교에서 육아에 대해 배운 기억은 별로 없다. 모르기에 불안하기도 했다. 아이가 아플 때 엄마들이 가장 불안한 것처럼, 일상에서도 명확하지 않은 그런 불안감이 마음 한편에 상주하고 있었다. 그래서 생각한 것이 책을 읽는 것이었다. 독서라면 그동안 손 놓은 지 오래였다. 대학 때 책을 읽기는 했지만, 졸업과 동시에 책과도 담을 쌓았다. 책이 없이도 오랫동안 잘 살아왔다. 책은 귀찮은 존재, 지루한 존재, 특별히 없어도 사는 데 전혀 문제 되지 않는 존재였다. 하지만 책을 손에서 놓고 살면서 가장 위기라고 할 수 있는 육아의 시간이 나에게 다가왔다. 나는 그 누구에게 어떤 조언을 묻기보다 책을 잡았다. 육아서를 도서관에서 빌려 와 하루 한 권씩 읽어 대었다. 시간도 에너지도 바닥인 어린아이 양육의 시간에 하루 한 권씩 닥치는 대로 읽어내면서 나는 정신적 숨통을 트일 수 있었다.

육아하는 엄마에게 책만큼 좋은 멘토가 없다. 그 이유는 여러 가지이다.

첫째, 시간, 장소 제한 없이 언제든 조언을 얻을 수 있다.

아이가 태어나면 엄마들은 거의 아이 중심으로 살게 된다. 아이가 어리면 어릴수록 더 그렇다. 아이가 초등학생, 중·고등학생이 되면서 육체적인 자유시간은 늘어나게 될 것이다. 하지만 그 이전이라면 몸도 마음도 꼼짝 마라가 된다. 이렇게 시간도 부족하고, 어디를 가지도 못하는 엄마들의 상황에서 책은 언제, 어느 곳에서나 내가 편한 시간에 접할 수 있는 만능도구가 된다. 의지만 있다면 책을 펴서 읽을 수 있다. 자신의 마음에 의해 읽는 것은 가능하다. 특별한 주제로 읽고 싶다면 언제나 그 주제에 대한 책을 찾아서 읽을 수 있다. 엄마들이니, 가장 중요한 육아에 대한 육아서는 생각 외로 너무나 많다. 먼저 키워본 엄마들이 자신의 소중한 경험을 책이란 곳에 부어 놓았다. 아이가 잘 때 잠시 육아서를 읽으면서 수많은 조언을 얻을 수 있다. 시간도 에너지도 부족한 엄마들에게 책은 사막의 오아시스이다.

둘째, 생생한 경험 이야기이다.

어떤 문제가 생겼을 때, 유경험자의 조언은 문제해결의 핵심이 될 수 있다. 육아서에는 엄마들의 수많은 경험이 들어 있다. 다양한 경험에 대한 것들을 접하면, 육아하면서 그런 문제의 상황이 되었을 때 책에서 읽은 것들을 적용해서 해결할 수 있다. 경험 이야기는 기억에 오래 남아 그런 상황이 발생하면 작가의 노하우를 사용해서 아이에게 적용할 가능성이 높다.

셋째, 실질적인 정보와 정서적 지지를 얻는다.

육아하면서 발생하는 수많은 상황에 책은 다양한 답을 준다. 작가의 실제 경험과 노하우를 담고 있기 때문에 실질적인 정보를 얻을 수 있다. 또한 육아의 다양한 어려움도 담겨있기 때문에 정서적으로 힘을 얻을 수 있다. 산 넘어 산인 육아를 하면서 정서적으로 많이 지쳐있는 엄마들이 어떻게 아이를 잘 키워 왔는지를 읽으면서 정서적으로 큰 도움이 되는 것이다. 몸이 피곤하면 마음도 약해진다. 특히 아이가 어릴수록 그렇다. 이럴 때 책은 몸을 더 피곤하게 하는 것이 아니라, 꼭 필요한 삶의 에너지가 되게 하는 고마운 존재가 된다.

넷째, 내가 궁금한 모든 내용이 책에 있다.

육아서를 읽으면서 느낀 것은 세상에 출간된 육아서는 많다는 것이다. 아이를 키우기 전에는 육아서를 볼 일이 없었다. 왜냐하면 관심 주제가 아니었기 때문이다. 육아를 시작하면서 육아서에 관심을 가지게 되었다. 내가 읽은 육아서만 해도 200권 가량 된다. 그래도 내가 보지 못한 육아서는 아직도 세상에 깔려있다. 우리가 원하는 만큼 얼마든지 읽을 수 있다. 우리가 알고자 하는 내용도 책에 다 이미 존재한다. 찾아서 읽기만 하면 된다. 이 사실이 얼마나 위로가 되는지 모른다. 책은 이미 우리의 문제와 함께하고 우리를 위로하는 가장 가까운 친구인 것이다. 육아도 지나고 나면 아이도 엄마도 성장하는 귀한 시간일 뿐이었다는 것을 깨닫게 된다. 책과 함께 모르는 것을 배우고 알게 되면서 성장하는 시간으로 만들면 될 것이다.

닥치는 대로 나는 육아서를 읽었다. 육아 때문에 읽기 시작했지만, 그런 과정이 독서법을 깨닫게 했고 나를 작가로 만들었다. 읽을 때는 잘 몰랐다. 육아서가 나의 힘든 육아에 오아시스 같은 존재로 느껴졌기 때문에 읽었다. 몸은 피곤했지만, 시간을 아껴가면서 읽었다. 도서관에 갈 때마다 가족 대출로 20권씩 빌려 책상에 쌓아두고 눈에 가장 먼저 뜨이는 책부터 골라서 읽었다. 읽다 보니 육아라는 주제의 해답들이 조금씩 보였다. 책은 책을 통해서 만든다. 지금 나도 매일 원고를 쓰고 있지만, 책 쓰기의 재료는 책이다. 다른 책에서 아이디어도 얻고 글감을 얻기도 한다. 물론 나의 경험과 노하우가 대부분이지만, 다른 책은 역시 원고 쓰기의 좋은 재료가 되는 것이다. 그렇기 때문에 한 주제로 읽다 보면, 핵심 내용을 걸러낼 수 있다. 육아라는 주제도 마찬가지이다. 그러므로 하루 한 권 독서도 가능해진다. 반복해서 중요하다고 강조하는 핵심내용은 이미 알고 있기 때문에 빠르게 읽고 넘어가고, 새로운 내용일 경우에는 조금 느긋하게 읽으며 1권 읽기가 빨라진다. 닥치는 대로 육아서를 읽으면서 책은 어떻게 읽어야 하는지 나만의 독서법도 갖게 된 것이다. 그것이 바로 하루 한 권 읽기, 관심 주제, 빠르게 하루 한 권 읽기를 하는 것이다.

많은 책을 읽으면서 책과 친해지고, 또한 책 쓰기도 도전하게 된다. 육아하기 위해 시작한 책 읽기가 결국 나를 책 쓰기까지 이끌었다. 책을 읽지 않았다면, 책을 써야겠다고 생각하지 못했을 것이다. 본격적으로 독서를 시작한 지 5년 만에 나는 책을 썼다. 책을 써보니 나는 새로운 사실을 또 알게 되었다. 책을 어느 정도 읽고 나면, 바로 책 쓰기를 해야 여러 가지 긍정적인 효과를 얻을 수 있다는 것이다. 왜냐하면, 책 쓰기를 하면 책을 더 읽을 수밖에 없기 때문이다. 읽어야지 더 잘 쓸 수 있다. 작가이면서 책을 안 읽는 사람은 없다. 그렇기 때문에 책 읽는 습관을 자연스럽게 기를 수 있다. 또한, 공부가 필요한 엄마들이 책 쓰기를 먼저 하면 책 읽고 쓰는 것을 동시에 하기 때문에 더욱 잘 배우게 된다. 그래서 1년 정도 책을 읽었다면 책 쓰기를 권하고 싶다. 1년 독서 경력 후 책 쓰기를 도전하고 책을 쓴다면 그 이후에는 더욱 잘 읽게 되고, 많이 배우고, 출간까지 할 수 있기 때문이다.

엄마들이여, 닥치는 대로 읽어라. 왜냐하면 읽는 것만이 엄마도 살고, 아이도 잘 키우는 방법이기 때문이다. 엄마가 되는 법을 엄마가 되기 전까지 알지 못했다. 엄마라는 역할을 공부해야 한다는 진리를 엄마가 되고 나서 알게 되었다. 주변에 수많은 엄마가 있었기에 그냥 엄마가 되는 줄 알았다. 하지만 아니었다. 엄마라서 더 공부해야 한다는 것을 새삼 알게 된 것이다. 공부하면 할수록 엄마들은 몸도 마음도 편해진다. 공부하지 않는다면, 몸도 마음도 힘들어짐을 공부를 하고 난 지금 확실히 말해 줄 수 있다. 엄마들의 공부는 어떤 다른 장소로 가서 할 수가 없다. 왜냐하면, 아이를 키우면서 공부를 해야 하기 때문이다. 아이들 있는 곳에 함께 있어야 한다. 그래서 시간과 장소 불문하고 언제든 할 수는 책 읽기가 엄마들의 좋은 공부 방법이 된다. 아이들을 보면서 잠시 상황이 될 때 읽을 수 있다. 읽은 만큼 알게 되고, 바로 실천으로 연결할 수 있다. 엄마들의 가장 관심 있는 주제, 육아서로 읽기 시작하길 권한다. 엄마이면서 육아서를 읽지 않는다면, 그만큼 손해라고 이야기하고 싶다. 육아서로 무장하고 몸도 마음도 여유로운 육아를 하기를 바란다. 엄마라면, 닥치는 대로 읽기를 다시 강조한다. 읽은 만큼 결국에는 엄마들의 혁신적인 성장의 발판이 될 것이다.

스스로 공부하는 최고의 방법이 책 쓰기이다

서울에 있는 군병원에서 근무할 때, 나는 대학원을 다녔다. 배움이 필요하다고 생각했다. 군병원 근무를 하면서 새로운 배움에 대한 갈증이 있었다. 그 당시, 직장을 다니면서 할 수 있는 최고의 공부가 대학원 공부였다. 그래서 근무하던 병원에서 가까운 대학에서 면접을 보고 대학원 과정을 다니게 되었다. '간호' 전공과 연관 있는 지역사회 간호학이다. 보통 간호라고 하면, 병원에 입원한 환자를 대상으로 하는 간호를 말한다. 하지만 환자는 병원에만 있는 것이 아니다. 경중의 차이가 있을 뿐, 병원이 아닌 지역사회에도 환자는 있다. 지역사회에 있는 환자를 대상으로 하거나, 지역 주민들의 건강 유지 및 증진을 목적으로 하는 공부가 지역사회 간호학이다. 쉽게 말해서 보건소에서 하는 업무가 지역사회 간호학에 연관된 일들이 많다.

직장을 다니면서 야간대학원에서 열심히 공부했다. 매일 바쁘게 공부하는 기분이 좋았다. 힘든 부분도 있었지만, 그러면서 뭔가 성장하는 듯한 느낌에 행복했다. 20년이 지난 지금, 대학원에서 배운 지역사회 간호학을 전혀 사용하지 않고 있다. 대학원 배움이 그 당시만의 배움으로만 존재하고 있다. 그 배움이 완전히 사라지지는 않았겠지만, 현재 활용을 못 하고 있다. 서류상 학력 란에 대학원 졸업이란 남들보다 조금 나은 공부경력이 존재할 뿐이다. 경력 란에 한 줄 더 쓰는 대가로 2년 반 동안 노력과 에너지, 경제적 비용이 너무 과하다는 생각을 가끔 한다. 물론 대학원 전공을 계속 살려 활용하는 사람도 많지만, 나처럼 이렇게 그 배움이 허망하게 되는 경우도 있을 것이다. 만약 그 당시 내가 책 쓰기를 알았다면 하는 아쉬움이 생긴다. 책 쓰기는 다른 일을 하면서도 얼마든지 할 수 있고, 나는 계속 배움을 만들어 스스로 성장할 수 있었을 것이다.

매일 하루 1꼭지를 쓰려고 나는 노력한다. 평생 이 일을 할 것이라고 다짐했다. 왜냐하면, 1꼭지 쓰기를 습관으로 만들기 위해서이다. 책 출간이 목적이 아니다. 습관이 그 사람의 삶을 결정한다. 우리 삶의 대부분은 습관으로 이루어졌다고 할 수 있다. 중간 중간 도전과 실패, 새로운 삶의 형성이 있지만 습관의 영향이 90% 이상이라고 생각한다. 아침에 일어나서부터 하는 모든 일이 습관적으로 하는 것이다. 좋은 습관일 경우, 긍정적인 결과를 만들게 된다. 나쁜 습관 일 경우, 삶의 질을 떨어뜨리는 결과를 낳게 된다. 그래서 성공적이고 좋은 삶을 살고자 하는 사람은 자신의 습관부터 점검하고 원하는 결과 즉, 필요한 습관을 규정하고 그 습관을 삶에 정착하기 위해 노력해야 한다. 나의 경우는 책과 관련된 일을 하는 것을 나의 최종 삶의 목표로 삼았기 때문에 그 목표를 달성할 수 있는 습관인 1

꼭지 매일 쓰기를 하기로 했다. 그것을 완벽히 습관으로 정착하기 위해, 지금도 1꼭지 쓰기를 실천하고 있다.

　1꼭지 쓰기를 하기 위해 그 전날, 쓸 꼭지 제목을 정한다. 꼭지 제목이라고 하면 목차를 말하는데, 목차는 이미 만들어져 있어야 한다. 목차는 꼭지 제목으로 이루어져 있다. 그래서 다음날 쓸 꼭지 제목을 미리 정한다. 그리고 잠시 생각한다. 어떤 사례를 넣을 것인지, 이때 잠시 생각하는 것이 도움이 된다. 잠시이지만, 첫 번째로 연상되는 것이 있다면 그것이 그 꼭지에서 써야 할 사례와 메시지가 되는 것이다.

　다음날, 책을 찾아본다. 나의 사례와 메시지가 쓰려는 꼭지 제목에 적합하다면, 그것을 가지고 1꼭지를 쓴다. 만약 그런 사례와 메시지가 떠오르지 않는다면, 나는 책을 찾아본다. 아침에 지금 쓰고 있는 '스스로 공부하는 최고의 방법은 책 쓰기이다.'라는 꼭지를 쓰기 위해 김미경의 최신작 《김미경의 리부트》의 프롤로그를 읽어보았다. 김미경 작가는 코로나 발생 이후 시대에 많은 변화가 일어나고 있다고 했다. 그 변화로 인해 현재 우왕좌왕하며 여러 가지 면에서 위태로운 상황이다. 이 책에서는 이런 위기상황에서 우리가 변화되어야 할 방향을 제시했는데, 그중 하나가 '뉴 러너'가 되라는 메시지이다. 뉴 러너는 대학 졸업장 하나로 평생 먹고살았던 과거와 달리 변화가 빠른 이 시대에는 빨리 배우고 바로 적용하는 '즉시 교육'이 필요하다고 했다. 뉴 러너, 즉시 교육에 대한 내용을 읽고 나는 그것을 쓰려는 꼭지 제목의 글감으로 가지고 온다. 이 글감을 각색해서 나의 꼭지 글에 활용한다. 결국, 나는 꼭지 글을 쓰면서 김미경 작가의 《김미경의 리부트》라는 책을 읽게 된 것이다. 쓰기 위해서 읽고 읽으면서 알고 공부하게 되는 것이다. 이것이 바로 책 쓰기가 스스로 공부법이 되는 이유이다.

책 쓰기를 하게 되면 마음가짐도 달라진다. 책 쓰기 전후에 다 해당이 된다. 책 쓰기 전에는 내가 쓰려는 주제와 제목이 정해지면, 그때부터 김미경 작가의 표현으로 몸이 재부팅되는 것이다. 몸도 마음도 새롭게 세팅이 된다. 제목의 키워드와 관련된 정보들에 예민해진다. 예를 들어 《당신이 엄마라면, 책을 쓰라》라는 제목이라면, 여기에서 키워드는 '엄마', '책쓰기'이다. 대략 그렇게 잡을 수 있다. 그러면 엄마에 관련된 내용의 자료들은 모두 나의 뇌에 걸러지는 것이다. 다이아몬드 광산에서 아주 작은 다이아몬드까지도 필터링해내듯이 일상에서 읽는 책에서, 오감으로 들어오는 정보에서 '엄마'라는 키워드의 자료가 걸러지게 된다. 의식적이든 무의식적이든 자연스럽게 그렇게 된다. 책 쓰기란 키워드에서도 마찬가지이다. 원고를 써내기 위해서 자체적으로 나는 그렇게 변화된다.

책 쓰기를 하는 이런 마음 상태가 많은 공부가 되게 하는 원동력이 된다. 시험공부를 할 때, 범위가 넓을 경우에는 오히려 공부를 못 할 수 있다. 왜냐하면 넓은 범위로 인해 핵심을 놓치기 때문이다. 이럴 때 한 가지 기발한 공부 방법은 목차를 보면서 목차에 나오는 내용 위주로 읽는 계획을 세워보는 것이다. 목차를 핵심이라 생각하고 그 내용을 읽는 것이다. 그럴 경우 핵심을 생각하지 않고 읽을 때보다 훨씬 많은 내용을 머리에 담을 수 있다. 핵심과 비핵심을 가르는 작업이 뇌에서 자동으로 발생함으로써, 핵심을 마음에 담아두는 자체만으로도 공부가 잘되고 더 많이 배우게 되는 것이다. 그것처럼 책 쓰기 할 때, 키워드를 가지고 자료 필터링하는 것도 마찬가지인 것이다. 훨씬 많은 것들의 정보를 인지하고 배우며 쓰게 된다.

책 쓰기는 혼자서 스스로 하는 작업이다. 어느 정도 책 쓰기의 방법을 익히고 난 후에는 꼭지 글은 혼자서 써나가야 한다. 스스로 쓰면서 많은 것들을 배우고 스스로 깨우치게 된다. 우리가 수업을 듣고, 그 수업내용을 익히는 방법으로 스스로 그것을 말하거나 행동할 때 더 잘 배우고 익힐 수 있다. 한 번 책 쓰기 방법을 배우면, 두 번째 책부터는 스스로 혼자 쓰면서 배움의 연속적인 시간을 가질 수 있다. 책 쓰기에 있어서 책은 음식 만드는 데 있어서의 식재료와 같다. 책이 없다면 책 쓰기가 힘들 수 있다. 자신의 경험과 노하우를 가지고 책을 쓴다고 하더라도, 좀 더 퀄리티를 높이기 위해 가끔 다른 책으로부터 글감을 찾아 활용하는 것이 좋은 것이다. 그렇기 때문에 책을 쓸 때는 항상 책을 읽는다고 보면 된다. 책을 한 권 두 권 써내면서 얼마나 많은 책을 읽게 되겠는가? 책 쓰기는 곧 책 읽기와 같고, 스스로 자기주도 학습하는 것과 같다고 할 수 있다.

　책 쓰기는 엄마들에게 꼭 필요한 공부법이다. 왜냐하면, 책 쓰기가 혼자서도 배우고 성장할 수 있는 최고의 방법이기 때문이다. 책 출간은 부수적인 것뿐이다. 엄마들도 이제는 공부를 많이 해야 한다는 것을 인지하고 있다. 하지만 그 방법을 잘 모른다. 코로나 전염으로 사람들이 혼란을 겪듯이, 엄마들도 엄마가 되고 나서 당황하며 우왕좌왕한다. 엄마이기에 책을 써야 한다고 말하는 사람이 있었다면 조금은 관심을 가져 봤을 텐데, 아무도 그런 이야기를 한 사람이 없었거나 있었다 하더라도 극히 일부였다. 하지만 나는 책을 출간하고 보니, 책 쓰기만큼 공부가 되는 것도 없다는 생각과 함께 책 쓰기는 공부가 필요한 엄마들이 하기에 가장 안성맞춤이란 생각을 하게 되었다. 이제 다른 곳에서 방황하지 말자. 책 쓰기는 스스로 공부할 수 있는 가장 확실한 방법이다. 당신이 엄마라면 책 쓰기부터 하기를 강력히 추천한다.

제2장

엄마가 책을 써야 하는 이유

혼자만 뒤처진다는 생각이 사라진다

나는 늦은 나이에 육아를 시작했다. 마흔이 넘어 아이 둘을 낳아 기르면서 산 넘어 산인 육아의 세계에 발을 들였다. 늦은 육아라서 힘든 것이 아닐 것이다. 나이와 상관없이 모든 엄마는 여러 가지 다양한 심신의 어려움을 가지게 된다. 엄마라는 경험이 처음이기에 당황한다. 아빠도 그렇겠지만, 엄마는 더하다. 사실대로 말하면, 모든 엄마가 특별히 준비 없이 엄마가 된 것이나 마찬가지이다. 엄마가 되고 나서 진짜 엄마가 되어가는 것일 것이다. 엄마가 되어가면서 아이 중심으로 살다 보니, 엄마는 자신의 삶이 줄어든다. 자신보다 엄마의 삶이 우선이다 보니 그렇게 된다. 엄마이기에 행복하지만, 한편으로 엄마이기에 대면하는 부정적인 마음 상태가 있다. 엄마도 인간이기에 어쩔 수 없이 드는 마음일 것이다.

첫 아이가 태어났을 때가 지금도 생생히 기억난다. 나는 친정에서 산후조리를 했다. 3개월 동안, 아이는 꼬박 낮과 밤이 바뀌었다. 또한 밤에는 2시간 단위로 우유를 찾았는데, 우유를 먹고 자리에 눕히면 바로 잠을 깨서 울어대었다. 그래서 나는 아이를 안고 밤을 지새워야 했다. 아이는 낮이 되면 잘 잔다. 이것이 실화냐? 라고 반문할 정도로 힘들었다. 모든 엄마는 위대하다는 생각이 절로 생겼다.

나는 직장 맘이었다. 거기에다 주말부부였다. 아이가 3~4살 때, 나는 결국 얼마의 수고비를 드리고 이웃 아주머니의 도움을 받았다. 아침이 가장 전쟁이다. 17개월 차이로 태어난 아이 둘을 아침에 입히고, 유모차에 태워 어린이집에 보내는 일이 쉬운 일이 아니었다. 아주머니가 아침 일찍 오셔서 간단히 거실 바닥을 밀대로 밀어주시고 내가 출근 준비를 할 동안 아이들을 챙기셨다. 그런데 아주머니가 안 오시는 날에는 제대로 출근 준비도 못 하고, 아이만 챙겨서 어린이집에 보내고 겨우 출근할 때도 여러 번이었다. 퇴근해서는 오로지 혼자서 아이들 둘을 봐야 했다. 도와주는 사람 하나 없이, 피로감으로 몸은 천근만근에다가 아이는 봐야 하니 정말 저절로 우울증이 찾아오는 것 같았다. 농사짓는 사람들이 농사일하고 막걸리 한 사발로 피로를 푼다는 이야기를 나는 이해하게 되었다. 나는 퇴근해서 너무 피곤한 날은 소주 한 잔을 마셨다. 그러면 마음도 몸도 조금 다시 살아나는 느낌을 받았다. 그 힘으로 아무것도 모르는 아이들을 챙겼다.

퇴근하고 바로 집으로 왔다. 그럴 수밖에 없었다. 왜냐하면 어린이집에서 아이들이 나를 기다리고 있기 때문이다. 직장에서 하는 모임 참석은 꿈도 꿀 수가 없다. 남편이라도 함께 있다면 남편한테 맡기고 참석할 수도 있겠지만 주말부부, 나중에는 한 달 부부가 되었기에 회식참석은 꿈도 꿀 수 없었다. 직장에서 지친 몸을 이끌고 아이들을 데리러 가면, 아이들은 나를 보자마자 품으로 달려온다. 완전 꼬물이. 잠시 나도 아이의 반기는 모습에 빨리 데리러 오기를 잘했다고 생각한다. 짐을 챙겨 집에 데려오면 금세 직장에서 조금만 쉬다가 데리러 올 걸 하며 후회하기도 했다. 엄마도 인간이기에, 약한 여자이기에 그런 생각도 든다. 아이 씻기고, 먹이고, 재우고 난 뒤 나는 잠시 책상에 앉아 생각했다.

"와! 이것은 전쟁이구나! 아이 키우는 것이 소리 없는 엄마들의 전쟁이었어."

험난한 육아의 세계에 관한 어떤 힌트도 얻지 못했다. 마음의 준비도 체력의 준비도 필요하다는 것을 미리 알았다면 좋았겠지만 그러지 못했다. 엄마들은 아이가 크고 나면 힘든 그 시절을 다 잊어버리는 모양이다. 그러니 좋은 것만 기억한다. 그렇게 직장과 집, 집과 직장만 오가는 생활을 몇 년 하게 되었다. 그리고 다른 사람은 퇴근하고 사람들도 만나고 하고 싶은 일도 하면서 그렇게 살고 있는데, 나만 그 누구도 알아주지 않는 전쟁을 치르고 있으니 힘들고 우울하며 모든 면에서 뒤처진다는 생각까지 하게 된다. 아이가 어릴수록, 육체적으로 해야 할 일들이 많기 때문에 더 그렇다. 몸도 피곤하고 다른 활동도 못 하는 엄마들이기에 그런 생각이 마음 한편으로 어느 순간 들어선다.

엄마들이 이런 생각, 나만 뒤처진다는 느낌이 드는 구체적인 이유는 다음과 같을 것이다.

첫째, 만남이 다양하지 않다.

육아에만 집중해야 한다. 전업주부나 직장 맘이나 마찬가지이다. 그렇기 때문에 사람 만남이 많지 않다. 물론 동네 엄마들과는 만날 수 있지만, 좀 더 폭넓은 만남은 이루어지지 않는다. 다들 육아에 어려움을 가지고 있는 엄마들의 모임에서는 물론 서로 위안이 되지만, 엄마 자신의 발전을 위한 모임은 아닌 것이다. 육아하는 동안 다양한 사람과의 만남이 제한되기에 그만큼 상대적으로 부족하다는 생각을 하게 된다.

둘째, 생활반경이 좁다.

아이와 함께 갈 수 있는 곳이 엄마들의 생활반경이 된다. 학령기가 되기 전에는 극장도 가기 어렵다. 특별휴가를 받는다면 모를까, 정말 가는 곳이 몇 군데 정해져 있다. 아이들과 함께 갈 수 있는 곳이 엄마들이 누릴 수 있는 공간의 전부이다. 이것으로 그만큼 내가 접하는 환경은 제한되고, 엄마 개인적으로 뒤처진다는 생각을 하게 된다.

셋째, 공부할 시간도 기회도 부족하다.

독하게 마음먹고 엄마들도 공부할 수 있다. 하지만 특별한 목표가 없다면 독한마음 먹기가 없다면, 힘들다. 정말, 이것이 그리 호락호락 쉽지 않다. 공부해서 눈에 보이는 것도 아니고, 몸은 피곤하고 아이들은 매시간 엄마만 찾으니 작심삼일이 된다. 뭔가 특단의 조치가 필요한데, 그런 것이 없다면 그냥 시간이 흐르는 대로 아이 키우면서 생활하게 된다. 이렇게 배우지 않고 알게 되는 기회가 줄어들면서 마음의 공허감이 차고, 결국 뒤처진다는 생각이 나도 모르게 마음에 들어선다.

  엄마들은 누구나 위의 상황에서 크게 벗어나지 못한다. 학령기 전까지
는 거의 비슷하게 아이와의 생활이 주를 이루게 된다. 이럴 때 엄마들은
마음이 힘들어지는 것이다. 몸도 힘든데 마음마저 나만 뒤처지는 것 같은
느낌이라면 육아가 더욱 힘들어질 것이다. 엄마가 행복해야 아이도 행복
하다는 말을 수도 없이 들어왔다. 엄마가 불편한 마음이 없어야 아이 키우
는 일도 활기차게 할 수 있을 것이다. 그래서 책 쓰기라는 것을 나는 제시
하고 싶다. 나 자신이 책을 써보니, 엄마들이 하기에 딱 맞는 일이 바로 책
쓰기라는 생각을 하게 되었다.

  책 쓰기만큼 엄마들의 뒤처진다는 부정적인 감정을 없애주는 것도 없
다. 책을 씀으로써 실제 많이 배우게 되고 알게 되기 때문이다. 책을 쓴다
는 것은 자신의 경험을 쓰기도 하지만, 자신이 어떤 주제를 공부해서 쓰는
경우도 많다. 처음부터 작정하고 한 주제를 정해 그것을 연구해서 쓰는 경
우도 있고, 아니면 일부 자신의 경험이나 노하우 또는 책에서 공부한 자료
를 삽입해서 쓰는 경우가 있는 것이다. 그런데 기본적으로 책을 쓴다면 관
심 주제에 대한 책은 최소 20권 이상, 많게는 50권 이상 읽는다. 나는 《하
루 한권 독서법》을 쓸 때, 100권 이상의 책을 읽었다. 물론 첫 책이라 지
금 보면 많이 부족한 부분도 보이지만, 그래도 그것을 씀으로 인해 행동반
경이 좁은 엄마의 취약점을 극복했고 뒤처진다는 마음도 버릴 수 있었다.
실제 많은 독서로 머리를 든든히 채우니, 자신도 모르게 부정적인 생각은
사라지고 없어진다.

엄마들은 혼자 뒤처진다는 생각을 할 때가 많다. 왜냐하면 아이를 키우는 엄마들의 행동반경이 좁아지고, 그런 만큼 만남의 기회도 줄고, 배움의 시간도 줄어들기 때문이다. 아이가 학령기가 되기 전까지는 오로지 아이에게 집중하게 된다. 직장 맘도 마찬가지이다. 그렇기에 자신도 모르게 의기소침해지고, 자신만 뒤처진다고 생각하게 된다. 이럴 때 책 쓰기를 한다면, 자연스럽게 부정적인 마음은 사라지게 될 것이다. 책 쓰기로 많은 책을 읽게 되고, 그것으로 많이 배우고 알게 됨으로써 뒤처진다는 열등감에서 벗어날 수 있기 때문이다. 책 쓰기는 집에서 얼마든지 혼자서도 할 수 있다. 느리더라도 원하는 시간, 여유가 생기는 시간에 꾸준히 할 수 있다. 그렇기에 의기소침한 엄마들의 기분을 확실히 바꾸어 주고, 부정적 마음 또한 없앨 수 있는 최고의 방법이 된다. 물론 처음에는 배워야 한다. 자전거를 처음 타려면 배우듯이 책 쓰는 방법도 배우는 것이다. 그 단계를 지나면 계속 쓸 수 있다. 책 출간은 부수적인 기쁨이면서 이 또한 자신의 가치를 새롭게 발견하는 계기가 된다. 두려워하지 말고 책 쓰기에 육아의 시간을 할애하자. 그리고 뒤처진다는 느낌에서 벗어나자.

잃었던 자존감을 회복한다

둘째 아이의 울음소리가 집이 떠나가라 울려 퍼진다. 갑자기 벌어진 상황이다. 첫째와 둘째는 방 안에 있었고, 나는 부엌 식탁에서 작업하고 있었다. 아이들은 엄마가 글을 쓰는 것을 알고, 둘이서 노는 방법을 터득했다. 하지만 아직 초등학생이라 잘 놀다가도 서로 티격태격 싸우기도 한다. 그때도 마찬가지 상황으로 잘 놀다가 갑자기 울음이 터졌다. 급히 방 안으로 들어가 보니, 둘째 아이는 씩씩거리면서 울고 있었다.

"엄마, 오빠가 발로 내 얼굴을 쳤어."

아이는 억울하고 자존심 상한다는 표정으로 첫째를 째려보면서 씩씩거리며 말한다. 첫째는 장난이 심하다. 아들의 손과 발은 자유자재로 자기 통제를 벗어나 감정적으로 움직일 때가 있다. 그 발에 딸은 얼굴을 맞은 것이다. 세계는 아니지만 자존심이 손상되는 일을 당했다. 어린아이지만, 이런 상황에서는 맞은 타격의 힘보다 마음의 상처에 더 크게 울음을 터트린다. 이럴 때 가장 좋은 처방이 하나 있다. 가해자가 피해자에게 정중히 사과하도록 중재하는 것. 이유가 어떠하든 일단은 폭력 자체는 나쁜 것이라 이야기해 주고 아들에게 사과하라고 이야기했다. 아들은 엄마 말이라면 아직 잘 듣는 편. 딸에게 정중히 사과한다.

"미안해."

딸은 금방 좋아진다. 다시 아이들은 엉켜서 논다. 잃었던 자존감이 즉시 해결되니 마음속 상처의 앙금도 남지 않는다. 더욱더 친해져 더 잘 놀고 보지 않는 곳에서 서로를 챙긴다. 자존감이 상하면 마음의 상처가 오래 남게 된다. 만약 자존감을 잃었다면, 나의 상황에 맞게 해결할 수 있는 처방을 만들어야겠다.

엄마라서 자존감이 떨어지는 경우가 있다. 사실 자존감은 하루 이틀 만에 떨어지는 것은 아니다. 지난날 언니의 일이 생각난다. 언니가 40대 전후반이 되었을 때인 듯하다. 어느날, 언니는 외출했다 들어오면서 말했다.

"어떤 정신 나간 사람이 나보고 아줌마라고 했어."

그 당시 언니는 이미, 아이가 중학생이었다. 언니는 결혼이 빨랐다. 그래도 나름 아줌마 같지 않다는 자존감을 가지고 있었는데, 언니의 눈에 정신 나간 것처럼 보인 그 사람 때문에 자존심이 몹시 상한 모양이다. 하지만 그 말을 듣던 나와 다른 가족은 눈이 동그래졌다. 나는 말했다.

"언니, 아줌마 맞잖아." 너무나 솔직한 나의 말에 언니는 더욱 열을 냈다.

"어머! 얘, 내가 어디를 봐서 아줌마 같니?"라며 오히려 그 아저씨에게 할 감정표현을 나에게 퍼붓는다. 언니의 농담 같은 진담으로 나는 순간 당황했지만 언니의 기분이 이해는 간다. 이런 기분 한 번쯤 느껴보았을 것이다. 하지만 이런 경험이 엄마들의 자존감을 진정 떨어뜨리는 것은 아닐 것이다.

나의 경우, 엄마가 되고 나서 자존감에 영향을 준 이유라면, 나이는 많은데 육아에 대해 아는 것이 많지 않다는 사실이었다. 나는 늦은 결혼으로 아이들이 늦었다. 친구들은 아이들이 대학을 졸업한다고 하는데, 내 아이들은 이제 초등학생 5학년, 4학년이다. 아이 입장에서도 엄마는 너무나 나이가 많다. 남편은 나보다 6살이 많으니, 남편은 나보다 더 나이 많은 아빠이다. 첫째 아이가 초등학생 저학년이었을 때이다. 남편은 아이와 함께 엘리베이터를 탔는데 같은 공간에 있는 사람이 아들에게 이렇게 말했다고 한다.

"너는 할아버지와 아주 많이 닮았구나." 아들은 남편과 붕어빵이다. 이때 아이는 당당하게 "할아버지 아니에요, 아빠예요."라고 이야기했다고 한다. 정말 장한 아들이라고 말한 기억이 나는데, 아이가 계속 아빠라고 당당히 말할 수 있기를 바라본다. 지금 내가 아이를 데리고 나가면, 사람들이 아이와 나의 관계를 그렇게 보지 않을까 조금은 염려스럽다. 이 또한 자존심이 상하는 부분이다. 먹은 나이는 되돌릴 수 없다. 진정한 자존감은 외모가 아니니, 나의 마음을 바꾸려고 노력해야겠지만 생각처럼 내 마음대로 되지 않을 때가 많다.

책을 출간하고 보니, 책 쓰기만큼 자존감을 세우는 수단도 없다는 사실을 알게 되었다. 출간한 한 권의 책, 물리적인 가치는 지극히 일부이다. 책 쓰는 과정에서 얻게 되는 것들은 인생 전체를 뒤흔드는 것이다. 자연스럽게 자존감 또한 올라가는 것은 당연하다. 책 쓰기가 아이 키우면서 잃었던 자존감을 높여 주는 이유는 다음과 같다.

첫째, 스스로 자체 성장하는 법을 터득한다.

엄마들이 가지는 부정적 감정 중 하나가 자신만 뒤처진다는 불안감이다. 이것의 근본 이유도 아이에 집중하는 시간만큼, 성장의 시간이 부족하기 때문일 것이다. 그러므로 자존감 또한 떨어지게 된다. 아이가 어릴수록 이런 감정이 가중될 거로 생각하는데, 그래도 책 쓰기를 도전한다면 불안감과 자존감 하락 둘 다 잡을 수 있다. 물론 투자는 필요하다. 책 쓰기 방법에 대해서 좀 공부해야 하고 매일 조금씩이라도 쓰는 과정이 필요하다. 쓰는 방법으로 가장 좋은 것은 필사인데, 필사는 강력히 추천하는 부분이다. 필사하면서 책 쓰기를 조금씩 해나간다면, 성장은 자연스럽게 따라오게 된다. 자존감 상승은 어느 순간 달성된다.

둘째, 평생 성장할 수 있다는 안도감을 가진다.

책 쓰기는 책 읽는 것으로부터 시작한다. 읽으면서 정보를 얻고 쓰면서 완전 나의 것으로 소화해내면서 제대로 성장이 일어난다. 아이들이 배운 내용을 입으로 주저리주저리 말하는 것은 글을 쓰는 효과와 같다. 내가 아는 것을 누군가에게 설명하거나 가르쳐주는 것 또한 이런 효과와 같기에 이런 활동이 가장 잘 배우는 방법이라는 진리가 통하는 것이다. 책 쓰기 방법을 배우고 1권을 출간하고 나면, 그 뒤부터는 언제든 쓸 수 있고 평생 쓰면서 성장할 수 있다. 이런 사실이 나에게 안도감을 주고, 자존감 또한 상승시킨다. 책 쓰기가 든든한 나의 무기가 되는 것이다.

셋째, 매일 성장이 보장되는 책 쓰기로 특별한 기회가 기대된다.

책 쓰기는 한 번도 못 할 수는 있지만, 한 번만 하기는 쉽지 않다. 왜냐하면, 그 좋은 것을 이미 알게 되었기 때문이다. 내가 책 쓰기를 놓지 못하고 매일 하는 이유는 쓰면서 읽게 되고, 읽으면서 배우고, 쓰면서 나의 것으로 정리하고 완전히 소화하여 제대로 기억하고 성장하기 때문이다. 책을 쓰는 동안 '성장'이라는 달콤한 열매를 매일 맛보게 된다. 그렇게 출간한 책에 특별한 기회까지 잠재되어 있다면, 그것을 매일 안 할 수 없는 것이다. 책 쓰기로 매일 성장하고 특별한 기회까지 얻으면 나의 자존감은 표현 불가상태로 높아져 있게 되는 것이다.

엄마마다 상황은 여러 가지이다. 하지만 기본적으로 엄마이기에 공부해야 한다는 것은 같을 것이다. 엄마가 되고 보니, 육아에 대해서 너무나 알지 못했음을 깨닫게 된다. 자신의 한계를 느끼는 경우도 많다. 자존감도 떨어진다. 하지만 이런 것들은 일시적인 상황일 것이다. 공부를 한다면 말이다. 책 쓰기는 공부이다. 두 마리 토끼, 성장과 자존감을 동시에 잡을 수 있는 공부임을 강조한다.

책 쓰기를 통해서 잃었던 자존감을 되찾는다. 엄마들도 처음부터 엄마가 아니었다. 옛날에는 잘나가는 자존감 센 여자였을 것이다. 엄마가 되면서 겪는 힘든 상황, 공부해야 하는 상황, 더욱 성장해야 하는 상황을 겪으면서 상대적으로 자존감이 떨어진다. 하지만 책 쓰기를 통해서 이런 자존심은 가볍게 세울 수 있다는 점을 이야기하고 싶다. 그 누구보다 많이 배우고 익히고 성장해야 하는 엄마들, 책 쓰기가 가장 적합한 그 방법임을 나는 이미 경험했기에 알고 있다. 제대로 알면, 책 쓰기에 대한 진입장벽도 낮추어진다. 이제는 누구나 책 쓰고 성장하는 시대이다. 책 쓰기가 출간만이 목적이라고 생각하면 안 된다. 책 쓰기의 진정한 가치는 자신을 찾고 자존감을 회복하는 것이다. 엄마라면 책 쓰기에 과감히 도전하기를 바란다. 진정한 성장은 물론 자존감 회복이 엄마들을 기다리고 있다.

의식의 변화로 육아에 매몰되지 않는다

코로나19 사태로 아이들은 학교를 1주일에 한 번만 간다. 코로나19가 언제 종식될지 다들 궁금해하지만, 전혀 끝날 것 같지 않다. 사람들은 이제 코로나가 언제 끝날까요? 라고 서로 묻지 않는다. 느낌으로 알고 있다. 이미 끝나기는 요원하다는 것을. 그렇다면 이제 무엇을 할 것인가? 그 답을 찾기 위해 다들 고심하고 있다. 어른들이 이런 고민을 하는 중에, 아이들을 학교에 안 보내고 마냥 놀릴 수 없어 특단의 방법으로 1주일에 한 번 등교라는 처방을 학교는 내렸다. 아이들은 1주일에 한 번만 일찍 일어나 준비하고 학교에 간다.

오늘 아침 정아는 평상시보다 일찍 일어났다. 학교에 가는 날이기 때문이다. 평상시에는 늦게까지 잔다. 온라인 수업이 있지만, 그렇게 강박적으로 강요하지는 않는다. 이것도 담임의 성향에 따라 다르게 온라인 수업을 진행하는 듯하다. 담임 재량이다. 사실, 좋고 나쁜 것이 없다. 나름의 장단점이 있다. 정아는 일찍 일어났지만 더 일찍 안 깨웠다고 트집을 잡는다. 그러면서 학교 안 간다고 말한다. 가만히 지켜보니, 평상시만큼 잠을 자지 못하고 일찍 일어나서 만사 싫은 눈치이다. 거기에다가 챙겨야 할 준비물도 잃어버린 상태로, 이래저래 트집을 잡는 것이다. 아이들이 점점 머리 쓰는 수준이 높아진다. 이럴 때 어떻게 해야 할지 난감하다. 정말 화부터 나는 것이 어쩔 수 없다. 큰 소리가 나올 만도 한데, 나는 대수롭지 않게 말했다.

"안 돼, 학교는 가야지."

아이는 강력하게 저항하지는 않는다. 만약, 이 상황에서 아이에게 고함을 치고 혼냈다면 아이는 2차적으로 학교에 가고 싶지 않은 이유가 생기는 것이다. 아이도 오기가 있어, 엄마에게 반항하기 위해서라도 자신의 고집을 끝까지 우겼을지 모른다. 간혹 나는 생각한다. 아이들이 말도 안 되는 이유로 고집을 부릴 때도 나는 그냥 대수롭지 않게 아이가 해야 할 부분에 대해서 담담히 이야기하게 되었다. 이렇게 된 이유는 아마도 책 쓰기를 하면서 생각이 바뀌었기 때문일 것이다. 생각의 변화에는 의식의 변화가 있었다. 책 쓰기를 하면서 의식 관련 책을 읽는 것은 필수이기 때문이다.

나는 현재, 책 쓰기에 대한 조언을 해주고 있다. 내 블로그를 보고 어떤 사람이 연락을 했다. 책 쓰기를 너무나 하고 싶은데, 작가님이 도와주시면 좋겠다는 내용과 함께. 생각보다 빠르게 책 쓰기에 대한 조언을 부탁받게 되었다. 이미 나는 여러 권의 책을 출간했다. 작년, 필리핀 세부에 있으면서 3권을 동시에 출간하기도 했다. 그러면서 책 쓰기에 대한 나름의 방법과 노하우를 가지고 있다. 책을 쓰고 생긴 노하우를 공유할 수는 있는 상황이다. 일부러 연락까지 했는데, 그 사람의 손길을 외면하지 말자는 생각과 함께 나만의 책 쓰기 노하우에 대해 공유를 시작하게 되었다.

책 쓰기를 하면서 가장 중요한 부분은 의식 상태이다. 책 쓰기를 완성하기 위해서는 책 쓰기 완성에 필요한 의식 수준이 되어 있어야 한다. 작가로서의 의식, 그런 의식이 먼저 갖추어져 있지 않으면 자꾸 과거로 돌아가려고 한다. 의식이 먼저 있고, 의식에 따라서 원하는 것이 세상에 드러나게 된다. 이런 과정에서 예외는 없다. 곰곰이 생각해 보면 쉽게 알 수 있다. 과거를 돌이켜 봤을 때, 나의 삶에서 큰 성과를 거둔 일들은 그것에 대한 간절한 마음과 그것이 이미 달성된 듯한 상상으로 이루어 낸 것이다. 그것이 달성되었다면 얼마나 좋을까? 꿈으로도 꾸었다. 그렇게 상상하는 것들은 빠르게 나의 삶에 나타났다. 상상하는 만큼, 그것에 대한 의식 또한 높아진다. 책을 읽으면서도 의식이 달라지기도 하지만, 상상을 통해서도 새로운 의식으로 바뀌게 된다. 책 쓰기를 하는 사람이라면, 한 권의 책을 출간할 수준으로 의식이 고양되어야 책 출간이 가능하다고 할 수 있다.

그래서 나는 특히 의식에 관련된 책을 함께 읽는 것을 강조한다. 과거, 내가 인생 첫 책을 쓸 때도 마찬가지였다. 의식 관련 책을 수시로 읽었다. 의식에 관련된 책이라 어렵게 느껴질 수도 있지만, 사실 그렇게 어렵지 않다. 처음에는 생소해서 그렇게 느껴질 뿐이다. 의식 관련 책으로 나는 네빌 고다드의 책을 추천한다. 나는 책쓰기 하는 그 사람에게 네빌 고다드의

《세상은 당신의 명령을 기다리고 있다》을 추천했다. 네빌 고다드의 책은 여러 권이 있다. 나도 계속 이 책들을 읽고 있다. 이 책 중에서, 책 쓰기와 관련해서 읽었으면 좋겠다고 생각하는 책이 바로 이 책이다. 조언을 받는 사람은 매일 이 책을 읽으면서 조금씩 책 쓰기 진도를 나가고 있다.

책을 쓰는 이 사람은 초고를 쓰는 중에 하던 사업의 물꼬가 트이는 행운도 잡았다. 정말 듣던 중 반가운 이야기이다. 처음으로 나에게 연락한 사람이기에 책 쓰기도 성공하고 하던 사업도 잘되기를 진심으로 바란다. 이 사람이 새로운 사업을 시작하게 되고, 여러 가지 좋은 운이 따라오게 된 이유를 생각해 보았을 때, 의식의 변화와도 연관이 있을 것이라 판단한다. 책을 쓰기 위해 집중적으로 읽은 의식 관련 책으로 의식의 변화를 겪었을 것이다. 알게 모르게, 사람들을 만나면서 이것은 영향을 미친다. 어쩌면, 그래서 좋은 일들이 생기고 있는지도 모른다. 내가 이렇게 생각하는 이유는 내가 그런 경우를 많이 경험했고 느꼈기 때문이다.

나는 매일 아침 일어나서 가장 먼저 하는 일이 네빌 고다드의 책을 읽는 것이다. 네빌 고다드의 모든 책을 읽으려 한다. 시간이 없으면 단 10분이라도 읽는다. 읽고 나서 인스타그램에 그 내용을 올린다. 문구를 낭독하고 그것에 대해 나의 느낀 점, 깨달은 점, 함께 노력했으면 좋을 점 등을 옆사람에게 이야기하듯 영상을 찍는다. 문구 사진도 함께 올린다. 처음에는 그냥 시작했다. 읽은 문구를 나의 마음에 각인하고 실천하기 위해 시작했다. 그런데 그것을 읽는 사람도 마음의 울림이 있는지 그 글을 찾는 사람이 늘고 있다. 하트도 보내고 댓글도 달아준다. 인스타그램의 특성이 사진 위주로 글을 짧게 쓰는 것인데, 그것의 특성에 맞추어서 부담 없이 짧게 매일 올리고 있다. 녹음한 것은 단 1분만 가능하다. 물론 길게 녹화하는 방법이 있지만, 나는 자체 시스템에 의해 영상이 끊기더라도 1분짜리를 고수한다. 왜냐하면 짧게 영상을 보면 더 쉽게 자주 볼 수 있고, 마음에 더 오래 기억될 수 있다고 생각하기 때문이다. 이렇게 사람들은 내가 읽는 문구를 함께 듣고 보면서 좋은 영향을 받는다고 한다. 이것을 하면서 나는 더 변화되고 있다. 짧은 시간에 많은 양을 읽는 것보다 매일 적은 양을 읽는 독서와 SNS 글쓰기로 의식의 확실한 변화를 느끼고 있다. 책을 매일 쓰는 데도 도움이 되지만, 이것이 육아에도 긍정적인 영향을 미친다는 것을 알게 되었다.

의식이 모든 문제의 근원이었다. 세상살이 힘든 일이 많겠지만, 엄마들에게 육아만큼 힘들다고 느끼는 것도 없을 것이다. 물론 기쁨 또한 크다. 힘듦을 좀 더 쉽게 넘겨버릴 수 있는 일을 찾아가면서 기쁨에 집중하면 아이도 엄마도 행복해질 것이다. 나는 엄마들이 육아를 덜 힘들게 할 방법의 하나로 책 쓰기를 권한다. 책을 쓰면서 읽는 의식 책들이 그 무엇보다, 육아의 시름을 덜어준다. 그리고 육아에 매몰되지 않고, 아이와 좀 더 깊은 유대관계를 형성하고 함께 성장하는 기간으로 생각하는 의식을 가지게 한다. 엄마들이 육아만 하기 때문에 육아에 매몰될 위험성을 가지게 되는 것이다. 육아 말고 책 쓰기로 육아의 부정적인 감정을 해소할 수 있다.

책 쓰기는 책만 쓰는 것이 아니다. 책을 쓰기 위해, 의식 관련 책을 읽으면서 자신의 의식을 고양시켜야 한다. 다른 많은 작가도 의식을 강조한다. 첫 책을 쓰는 사람이라면, 반드시 의식 책 독서가 필수가 된다. 자기가 쓰는 주제의 책만 읽는 것이 아닌 것이다. 그 주제에 대해 아무리 해박한 지식을 가지고 있어도, 그 주제에 대해 전문적인 자격증을 가지고 있어도 책 쓰는 방법 이상으로 의식이 중요하기에 그것에 대한 공부를 함께 하는 것이다. 그렇기 때문에 엄마들에게 책 쓰기는 아이를 더욱 잘 키울 수 있는 정신적 역량을 키울 수 있는 수단이 될 수 있다. 아이만 키우면 자칫 아이를 키우는 육아에 매몰되는 상황이 발생할 수 있다. 그럴수록 자신의 일을 육아와 병행해야 하는데, 그 엄마 자신의 일이 책 쓰기가 되길 진심으로 바란다.

멀리 보는 관점을 가진다

집 안 거실에 1,000피스, 500피스 퍼즐 완성품이 4개 세워져 있다. 아직 벽에 걸리지 않고 액자에 넣어져 전시대기 중인 상태이다. 완성품들은 풍경이 두 작품, 호랑이 가족 작품, 카카오톡 캐릭터 작품 등, 주제도 다양하다. 아이들이 3달 동안 만든 결과물들이다. 3달 이내에 고르게 분산되어 한 작품씩 만든 것은 아니다. 첫 작품이 2달 이상 걸렸고 나머지 3개는 한 달 이내에 다 맞추었다.

첫 작품이 카카오톡 캐릭터였는데 피스 개수가 정확하게 1,018개였다. 거실 바닥에 밑그림을 깔아놓고 밑그림의 가장자리부터 퍼즐을 맞추어 나갔다. 퍼즐 조각 중에 제일 맞추기 쉬운 것은 일자로 잘려져 있는 사이드 피스이다. 처음에는 그 조각만 골라내서 맞춘다. 그래서 사이드 퍼즐 맞추기 작업을 열중함으로 처음에는 열심히 한다. 그리고 그림의 안쪽으로 들어갈수록 색깔로는 조각을 구분할 수 없는 상태가 된다. 왜냐하면 많은 부분이 같은 색깔이고 모양만 다르기 때문이다. 이때부터는 멘붕이 찾아오면서 퍼즐 맞추는 활동이 뜸해진다. 그래서 결국 2달이라는 긴 기간이 걸리게 되었다. 이것도 도저히 더 미룰 수 없는 상태가 되어서 막판에 열정적으로 3명이 달려들어 맞추었기에 그나마 2달 정도로 끝낼 수 있었다.

멘붕이 찾아올 때, 한 가지 방법이 있다. 언젠가는 원하는 대로 완성될 것이라는 관점을 재인지하는 것이다. 완성된 미래의 시점에서 현재를 바라보는 것이다. 지금의 멘붕은 단지 하나의 일시적 과정일 뿐이고, 우리는 언젠가는 완성이란 그 상태를 맞이하리라 생각하는 것이다. 현재에 있지만, 멀리 보는 관점을 가진다면 현재의 멘붕인 상태의 퍼즐도 즐기면서 할 수 있다.

육아하면서도 간혹 멘붕인 상태를 경험한다. 자유로운 영혼인 아이들이 생각지도 않은 일을 벌여놓았을 때 엄마들은 당황한다. 너무나 당황스러운 나머지 자신도 모르게 화가 폭발하기도 한다. 엄마의 이런 행동이 한 번일지라도 아이들의 머리에는 깊이 각인된다. 엄마가 마음의 도를 닦아야 하는 이유가 여기에 있는 것이다. 마음의 도를 닦는 데는 책 쓰기가 한몫한다. 힘든 현재보다는 만족스러운 미래를 보는 능력을 키운다. 여러모로 책 쓰기가 엄마들에게 효자이다. 책 쓰기가 당황스러운 상황들에 덜 매몰되고, 좀 더 멀리 보는 습관을 몸에 익히게 한다.

책 쓰기 할 때 2가지 관문이 있다. 첫째는 목차 만들기이고 두 번째는 꼭지 글쓰기이다. 여기에서 꼭지라는 것은 소제목을 말한다. 목차 만들기는 첫 책을 쓰는 사람이라면 혼자서는 조금 무리가 갈 수 있다. 물론 잘할 수도 있지만 나는 될 수 있으면 먼저 작가가 된 사람과 함께 만들라고 이야기한다. 왜냐하면 목차 만들기가 책 쓰기의 50%~70% 이상에 해당되고, 처음 하는 경우 시간이 오래 걸려 여기에서 많은 에너지를 뺏기기 때문이다. 어떤 사람은 1년 동안 목차를 만들었다고 한다. 시간을 투자했지만 결국 방향을 잃고 계류 중이었다. 결국 초고 쓰기를 진행하지 못했다. 그것은 곧, 명확한 목차를 못 만들었기 때문에 그다음 진행되는 초고 쓰기가 지체된 것이다. 그래서 목차는 함께 만들고, 그렇게 저축한 시간으로 초고를 쓰거나 2번째 책을 쓰라고 나는 이야기한다.

두 번째 관문인 초고 쓰기. 첫 책 쓰기라도 너무 길어지면, 좋은 결과를 얻기가 어려워진다. 그래서 초고 한 달 쓰기에 도전하라고 강조한다. 한 달 만에 초고 쓰기를 목표로 쓰다 보면, 2달이 걸리지는 않게 된다. 만약 열심히 노력한다는 가정을 했을 때, 목표와 비슷하게 초고를 완성하게 된다.

한 달 목표로 초고를 쓰려면, 나름 자신의 관리가 필요하다. 자기 관리의 항목을 크게 2가지 부분으로 나누어 생각해 볼 수 있는데, 그것은 다음과 같다.

첫째는 시간관리.

어떤 목표가 생긴 사람에게 그 목표를 달성하기 위해, 반드시 챙겨야 할 부분이 시간관리이다. 시간관리에 실패하면, 목표달성에 실패하게 된다. 특히 새로운 목표라면, 반드시 시간 정리를 해보아야 한다. 책 쓰기도 마찬가지이다. 책 쓰기를 하는데 자신의 시간을 어떻게 활용할 것인지 꼼꼼히 계획을 세워보는 것이 필요하다. 우선은 책 쓰기에 내가 활용할 수 있는 시간을 확보한다. 쓰기는 읽는 것과 다르게 덩어리 시간이 필요하다는 것이다. 아이가 어리다면 아이도 돌보면서 책을 써야 하기에 가장 잘 활용할 수 있는 시간을 찾는 것이 중요하다고 하겠다. 현재 나도 아이를 키우면서 책을 쓰고 있는데, 가장 좋은 시간은 아이들이 아침에 일어나기 전이다. 코로나19 사태로 아이들이 하루 시작이 조금 늦어졌기에 책 쓰기에는 아주 좋다. 일어나는 기상시간을 만약 앞당긴다면 더욱 질적으로나 양적으로 좋은 시간을 활용할 수 있다.

둘째는 의식관리.

책 쓰기에 있어서 의식만큼 중요한 것도 없다. 사실, 책 쓰기의 답은 의식이라고 말하고 싶다. 그 정도로 의식이 중요하다. 책 쓰기를 간절히 바라지만, 의식이 그 간절함을 따라가지 못한다면 책 쓰기는 시간이 지날수록 힘들어지고 내 몸에 맞지 않는 옷 마냥 자기 일이 아닌 듯 느껴질 것이다. 내면에서 먼저 작가가 되지 않는다면 외부, 바깥세상에서의 책 쓰기가 어색하게 느껴진다. 그래서 책 쓰기 할 때는 의식 수준을 높일 수 있는 책들을 읽는 것은 필수가 된다. 작가로서 생각하고 상상하는 것을 일상화하면서, 생각과 의식들이 변화됨으로 책 쓰기도 그만큼 빠르게 진행될 것이다. 의식 책 읽는 것이 책 쓰기의 시간을 뺏기는 것이 아니라, 오히려 책 쓰기의 속도를 높여주는 일이 되는 것이다.

책 쓰기를 함으로써 엄마들은 멀리 보는 관점을 익히게 된다. 한 달 뒤 초고완성을 위해 아침에 일어난다. 평상시에는 밥을 미리 준비하기 위해 식구들보다 먼저 일어났다면 지금은 아이들 밥 때문이 아니라, 인생 첫 책 쓰기를 목적으로 일어난다. 한 달만 열심히 써보자. 첫 책이니 나의 간절

함만큼, 그만큼만, 딱 한 달간만이라도 모든 것을 투자해 보는 것이다. 그런 마음으로 하루를 시작하고 보내게 된다. 한 달 뒤, 두 달 뒤를 보고 오늘 원고를 쓰듯이 육아에서도 그대로 이어져 앞을 바라보고 아이를 기르게 된다. 아이가 아침에 학교 가지 않는다고 떼를 쓰더라도 '그래, 아직 어리다. 그럴 수 있지. 하나의 과정일 뿐이다. 아이는 내가 바라듯 자기 생각을 가진 멋진 아이로 자라 날 거야.' 하는 마음으로 화를 내는 대신, 아이에게 다른 대안을 여유롭게 제시한다. 경험상 아이가 가장 좋아하는 것을 미끼로 활용해 보는 것도 방법인 것 같다. 일단, 아이에게 가장 악영향을 주는 고함지르고 화내는 실수를 안 할 수 있다. 멀리 보는 그 의식 때문이다.

아이를 키우는 엄마들이 가져야 할 관점으로는 멀리 바라보는 관점이 최고이다. 이런 관점이 아이가 당장 제대로 못 하고 고집을 피우더라도, 한숨 돌리고 그 상황에서 벗어날 힘을 키운다. 아이의 타고난 재능을 찾아서, 하나씩 체험하도록 도와주고, 먼 훗날 아이들이 살 세상에 대해서 먼저 공부하고 아이들이 준비하도록 지지해 주는 멋진 엄마가 되기 위해 노력하게 한다. 책 쓰기가 멀리 볼 수 있는 관점까지 길러준다는 점을 재차 강조한다.

엄마는 아이를 키울 때 멀리 보는 관점을 가져야 한다. 당장 현실에 집중하면, 아이에게도 좋지 않은 영향을 미치고 엄마 자신도 육아에 매몰되어 정신을 못 차리게 될지도 모른다. 멀리 보는 관점이 필요한 이유는 한 가지이다. 목표에 더욱 집중하기 위해서이다. 아이가 타고난 재능을 찾아 그 재능대로 행복하게 살 수 있도록 하고, 엄마도 아이를 통해 함께 성장하는 것이다. 충분히 그렇게 할 수 있다. 만사 제쳐두고 아이의 성장에만 집중한다면 아이의 진정한 성장도 어렵고 엄마의 성장도 힘들 수 있다. 집중을 어디에 하느냐에 따라 달라지는 것이다. 엄마들이 원하는 아이의 미래 모습에 집중하면서 육아를 할 수 있고, 엄마의 성장도 달성할 방법이 바로 책 쓰기임을 강조한다. 책 쓰기가 육아의 새로운 돌파구가 될 수 있다. 처음에는 무슨 일이든 어렵다. 왜냐하면 해보지 않았기 때문이다. 하지만 시간이 지날수록 좋아진다. 하기가 수월하고 만만해진다. 모든 일이 다 그렇다. 책 쓰기도 역시 마찬가지이다. 너무 두려워하지 말고, 엄마들의 돌파구인 책 쓰기에 도전하기를 바란다. 책 쓰기에 도전해서 멀리 보는 관점도 습득하고 아이도 엄마도 함께 성장하는 시간을 가지기를 바란다. 책 쓰기는 책 출간만이 목적이 아님을 명심하자. 엄마들에게 육아에 대한 새로운 해법이란 점을 잊지 말자.

엄마도 혼자만의 시간이 필요하다

코로나19의 세계적 전염 사태로 아이들은 종일 집에 있는 경우가 많다. 퇴근하는 아빠의 초인종 소리가 반갑다. 아빠는 저녁, 자기 시간을 갖고 싶지만 초등학생인 아이들은 아빠가 자기만의 시간을 가지는 것을 허락하지 않는다. 남편은 이런 상황에서 자신의 감정을 적당히 표현하는 법을 잘 모른다. 자기가 원하는 것을 조곤조곤 말로 한다면 아이들이 알아들을지도 모르나 그런 표현에 서툴다. 그래서 주로 사용하는 표현 방법이 큰소리로 말하거나 때론 화를 내는 것이다. 그래도 아이들은 아빠가 재미있다고 한다. 화를 내고 고함을 치더라도 나이 많은 아빠 내면에 자기들에 대한 크고 깊은 사랑이 있음을 눈치 채고 있기 때문이다. 낄낄대고 아빠에게 계속 매달린다. 남편은 나중에 그냥 웃고 만다. 사실 웃고 있지만, 마음 한편으로 퇴근해서 혼자 편히 쉬고 싶은 마음이 간절할 것 같다.

아빠도 이러니, 요즘 엄마들은 어떻겠는가?, 아이들 학교도 일주일에 한 번 가니, 거의 아이들과 24시간 함께하고 있다. 엄마는 하루 3번 꼬박꼬박 밥을 챙겨주어야 함은 물론, 간식도 신경써야 한다. 그리고 온라인 수업도 옆에서 지도할 때가 많다. 나는 아이가 질문이라도 하면 하던 일을 치워두고 스스로 학생이 되어 온라인 수업을 듣고 아이들에게 가르쳐 준다. 특히, 수학이나 과학 같은 경우는 더 그렇다. 그렇게 수업을 듣고 가르치다 보면 기운이 빠진다. 예전 아이들 학교 갈 때가 그리워진다. 그때는 그래도 아이들이 집으로 돌아올 때까지 여유가 있었는데, 그때 그 시절이 좋았다. 이제는 엄마가 스스로 시간을 만들어야 한다. 혼자만의 시간, 이것이 너무도 필요하다.

책 쓰기를 하면서 나는 나의 시간을 가지게 되었다. 진정 나의 의식이 살아있는 시간, 내면과 만남이 가능한 이 시간을 가지면서 세상사는 문제들이 조금씩 풀려갔다.

책 쓰기는 오로지 책만 쓰는 것이 아니다. 책 쓰기 전, 꼭지 제목을 확인하고 그것과 관련된 글감을 찾는다. 이 시간이 개요 쓰기 시간이라고도 할 수 있다. 제목의 키워드와 관련된 사례를 찾기 위해 나의 과거부터 현재까지 훑어 내려온다. 살아온 시간을 회상하면서 그 시절이 새록새록 머리에 떠오른다. 신기하지만 반복적으로 되새기다보면 그렇게 된다. 뇌의 놀라운 능력이라고 말할 수 있겠다. 뇌의 놀라운 회상능력이 있기에 책 쓰기도 가능한 것이라 생각한다. 사실 목차를 만들 때만 해도 무슨 내용을 어떻게 쓸지 감이 오지 않는다. 오로지 제목과 장 제목에 맞추어서 떠오르는 키워드로 꼭지 제목을 만들어 목차를 완성한다. 목차를 만들 때, 쓸 것을 미리 생각하고 목차를 만들면 안 된다. 초보일수록 쓰기 어려울 것 같은 꼭지제목은 만들지 않는다. 이렇게 되면 목차에 진짜 하고 싶은 메시지를 담을 수가 없다. 그래서 일단은 꼭 하고 싶은 메시지로 목차를 만드는 것이 필요하다. 그리고 쓸 때 글감을 찾으면 신기하게도 어떤 꼭지제목이든 찾게 된다. 그렇게 책을 쓰면서 과거를 돌이켜보며 나는 많은 것들을 얻고 다시금 깨닫는다.

과거를 돌이켜 생각하는 과정은 풀리지 않은 과거 숙제를 해결하는 시간이 된다. 나는 어릴 때 오빠와 자주 싸웠다. 그때는 왜 그렇게 죽기 살기로 미워하고 싸우고 했을까 생각해 본다. 어린 마음 때문일 것이다. 오빠도 어렸고 나도 어렸다. 싸우면서 정도 든다는데, 그 말은 아닌 듯싶다. 그때 해결하지 못한 감정들로 세상 남자들에 대해 오기를 부리는 것으로 표현되고 있다. 싸워서 이겨야 할 대상이 남자라고 여기는 것이다. 어떤 부분에서도 뒤처져지기를 원치 않아서 더욱 열심히 배우고 익혀 긍정적인 계기도 되었다. 좋은 점도 있었고, 여전히 풀지 못한 숙제처럼 부정적인 영향도 아직 남아 있다. 중간에서 중재하지 못한 부모에 대한 아쉬움도 있다. 아직 나이가 어리기에 어느 정도 남매간의 싸움에 중재가 필요하다고 생각한다. 그래서 나의 아이들도 남매인 만큼, 나와 같은 전철을 밟지 않도록 관계를 눈여겨보고 적당히 중재도 한다. 어리기에 조금 중재를 하면 쉽게 받아들이고 수긍을 잘한다. 오빠와의 어릴 때 좋지 않은 감정들을 책을 쓰면서 풀어가게 되었다. 오빠를 이해하게도 되었고, 그 당시의 감정들과 앙금들도 조금씩 풀어낸다. 이런 시간이 오빠에 대한 마음을 편하게 갖는 계기가 되었다. 혼자서 조용히 원고를 쓰는 시간이 나의 해결하지 못한 과거의 감정들을 순화하는 역할을 한다.

글감은 다른 사람이 쓴 책을 읽으면서도 찾는다. 글감은 여러 곳에서 찾을 수 있다. 그중에서 가장 쉽게 찾을 수 있는 곳이 책이다. 그래서 작가는 책을 읽는다고 이야기하는 것이다. 책을 읽지 않는 작가는 없다. 책에서 영감을 얻고, 책에서 글감을 찾아 그것을 나의 언어로 재창조한다. 한 권의 책을 쓰기 위해 최소 20권 이상 100권 미만의 책을 읽는다고 할 수 있다. 그렇지 않고 순전히 자신의 경험과 노하우로 책을 쓰기도 한다. 나의 인생 첫 책 《하루 한권 독서법》을 쓸 때는 최소 100권 정도의 책은 읽었다. 책 쓰기가 처음이고 잘 모르기 때문에 더욱 읽었던 것 같다. 지금은 그렇게 읽지 않는다. 나는 매일 책 쓰기를 하고 있다. 요즘은 나의 내부에 있는 것들을 끄집어내서 쓰고 있다. 그래도 중간중간 책에서 글감을 가져온다. 어찌하였던, 책을 쓰는 동안은 다른 사람의 책을 읽는 것이다.

혼자만의 시간에 조용히 책을 읽는 것은 엄마들에게 기쁨이다. 온종일 아이와 함께하다가 혼자만의 시간을 가지게 되면, 그제야 한 인간으로서 존재감을 느낀다. 엄마도 인간인 것이다. 혼자서 자신을 챙기고 자신에게 정신적으로 영양분을 챙겨 먹이고 싶은 자기계발의 욕구를 가진 인간인 것이다. 아이들과 있을 때는 이것이 잘 안 된다. 무엇인가에 조금 집중하려고 하면, 아이들은 "엄마~"라고 부른다. 아이가 조금 컸다면, 아이에게 이야기할 수 있다. "엄마에게 시간이 필요해. 1시간만 엄마가 이 일을 할 수 있도록 해 줄래?"라고 타협을 할 수도 있다. 하지만 어린아이의 엄마들은 이런 것이 안 되기에 자신만의 시간을 찾고 만들어야 한다. 그 시간으로 새벽이 가장 좋다고 추천하지만, 이것은 엄마들의 상황에 맞게 그 시간을 확보함이 필요하겠다. 이렇게 혼자만의 시간이 필요한 이유는 이 시간으로 엄마도 엄마가 아닌 한 인간으로서 자신을 챙길 수 있고, 엄마이기에 지친 몸과 마음을 잠시 쉴 수 있기 때문이다. 혼자 있는 시간에 책을 읽는다면 몰입할 수 있고 심신의 피로를 제대로 풀 수 있을 것이다. 이 자체가 기쁨이고 재충전의 시간이 된다.

엄마이기에 혼자 있는 시간이 꼭 필요하다. 24시간 일하는 사람은 세상에 없다. 그 이유는 만약, 그렇게 일한다면 힘들어 더는 그 일을 계속할 수 없기 때문이다. 하지만 엄마들은 하고 있다. 24시간, 아이와 함께하며 언제나 준비상태이다. 그러므로 육아가 전쟁처럼 느껴진다. 이제, 소중한 나의 아이들을 잘 키우기 위해서라도 엄마는 혼자 있는 시간을 가져야 한다. 혼자 쉬면서 멍하니 공상도 하고 책도 보면서 에너지를 충전해야 한다. 이런 목적으로 책 쓰기를 시작하기를 권한다. 육아로 책 쓰기가 전혀 불가능할 것 같지만 가능하다. 막상 혼자서 읽고 회상하고 그렇게 엄마들이 필요한 모든 것들을 책 쓰는 과정 중에 할 수 있다. 엄마가 책을 써야 하는 이유가 이것인 것이다. 책 쓰기 하다가 중간에 실패하더라도 혼자 있는 시간 보내는 습관을 형성할 수 있다. 엄마들에게 책 쓰기는 무조건 남는 장사이다. 더는 미루지 말자. 엄마들이 책 쓰기를 두려워하지 말기를 바란다. 세상에 죽고 사는 것 외에 두려워할 것은 없다. 엄마이기에 혼자의 시간이 더 필요하고, 그러기에 혼자서 읽고 쓰는 '책 쓰는 시간 갖기'는 엄마들에게 최고의 처방이 된다.

책 읽을 기회를 삶에 세팅한다

아침 기상 후 나는 아침 실천 계획을 간단히 세운다. 아주 간단히, 그냥 낙서하듯이 시간대별 내가 해야 할 일을 적는다. 아침 시간은 길지 않기 때문에 30분이나 1시간 단위로 나누어 기록한다.

06:00~06:30 독서 및 SNS 글 올리기
06:30~ 07:30 1꼭지 쓰기

계획을 세우고 책을 읽는다. 독서하고 나서 SNS에 글을 올린다. 주로 나는 인스타그램에 글을 쓴다. 인스타그램은 시작한 지 6개월 정도 되었는데, 간단히 사진과 동영상, 글을 올릴 수 있어 가장 부담 없고 만만하다. 읽는 책은 한 권으로 정해서 조금씩 읽어나간다. 나는 아침 독서용 책을 따로 두고 있다. 아침용 책으로는 낮보다는 집중을 요하는 의식 관련 책을 주로 읽는다. 지금 몇 개월째 네빌 고다드의 책을 읽고 쓰고 있다. 네빌 고다드의 책은 현재 여러 권 출간되었고 나는 전작독서법으로 네빌 고다드의 책을 읽고 있다.

네빌 고다드의 특별한 메시지는 '상상력'에 대한 것이다. 우리의 상상이 곧 현실이 된다는 것이다. 만약 간절히 바라는 것들이 있다면 행동하기 전에 상상부터 하라고 한다. 바라는 그것이 이미 달성되었다고 상상하는 것이다. 맘껏, 생생히 상상하고 믿는다면 그것이 우리의 현실로 나타난다고 주장하고 있다. 이런 주장에 나는 100% 공감한다. 왜냐하면 과거 나의 시간을 돌이켜 봤을 때, 간절히 내가 상상하고 바란 것들은 현실이 되었기 때문이다. 네빌의 여러 권의 책을 차례로 읽어나가면서 막연하게 생각한 메시지들이 명확해지고 있다. 아침마다 네빌 고다드의 책을 읽고 느낀 것을 나는 간단히 인스타그램에 감상평을 쓰고 있다.

지금은 인스타그램에 글을 쓰기 위해 책을 읽게 되었다. 처음에는 책을 읽고, 공감한 귀한 문구들을 공유하기 위해 글을 썼다. 지금은 반대가 되었다. 글을 쓰기 위해 네빌 고다드의 책을 편다. '오늘은 정말 아니야, 오늘만은 좀 쉬자.'라고 생각하는 날도 결국에는 책을 펴게 된다. 그동안 나의 인스타그램 글을 읽는 사람들이 생겼고, 그 글을 사랑해 주고 있다는 것을 느끼고 있기 때문이다. 비록 매력적이고 화려한 단어를 구사한 멋진 글은 아닐지라도, 투박하면서 진솔해 보이는 글과 직접 낭독하는 것들을 좋아해 주시는 것 같아 항상 감사하게 생각하고 있기 때문에 나는 쓰기 위해 또 읽게 된다. 또한, 뭔가를 쓰기 위해 읽는 것만큼 좋은 방법도 없다는 것을 그렇게 하면서 깨닫게 되기 때문이다. 쓰기 위해서는 뭔가 글감이 있어야 한다. 글감을 찾기 위해, 고민할 필요 없이 책을 통해서 쉽게 찾을 수 있다. 그렇기 때문에 매일 아침 나는 쓰기 위해서라도 네빌 고다드의 책을 읽는다.

쓰는 자체는 읽을 기회를 준다. 쓰고자 하는 주제에 대한 공부를 위해서 읽기도 하고, 또한 다양한 글감과 아이디어를 얻기 위해서도 읽는다. 읽는 것만으로 쓰는 것에 확실히 도움이 되기 때문이다. 그래서 쓰는 작가들은 매일 읽게 되는 것이다. 매일 읽는 것, 이것의 가치를 알고 있다. 하지만, 읽는 것을 습관들이기는 쉽지 않다고 한다. 이유는 읽어도 그만, 안 읽어도 그만, 당장 큰 변화가 없기 때문일 것이다. 하지만 책 쓰기를 시작한다면 상황이 달라진다. 원고를 써야 하고 1꼭지 글을 써야 하기에 읽게 된다. 안 읽으면 잘 쓰지 못하기에 또한 읽게 된다. 그래서 책 쓰기를 수단으로 독서 습관을 들일 수 있다. 그래서 때로 나는 읽기 습관을 들이려면 책을 쓰라고 이야기한다. 목표를 독서습관 형성에 두고 책 쓰기를 해도 된다.

엄마들이 책을 읽으면 좋은 이유는 헤아릴 수 없이 많다. 엄마들이기에 다른 무엇보다 책을 읽어야 한다고 할 수 있다. 학교 다닐 때도 책 안 봤는데 지금 와서 읽는 것이 가능할까? 하며 스스로 낙심하지 말았으면 한다. 학교 다닐 때 보다 지금 더 읽어야 한다. 그때는 나 혼자의 몸이었지만, 지금은 딸린 자식 때문에 더 읽어야 한다. 책 읽는 것으로 내 자식에게 귀한 것들을 줄 수 있다. 생각을 바꾸면 행동이 달라진다. 엄마들이 책을 읽어야 하는 이유를 정리해 보면 다음과 같다.

육아처럼 어려운 것이 없는데, 책의 도움을 받을 수 있다. 육아서에는 선배 엄마들의 깨알 같은 육아의 팁과 노하우가 있다. 이웃 엄마들한테 배우려고 하지 말자. 책을 보면 궁금한 모든 내용이 들어있다. 너무나 상세하고 자세하게 정서적 지지까지 겸해서 얻을 수 있다. 나는 육아를 하기 위해 육아서를 잡았다. 누구도 가르쳐 주지 않았지만, 살기 위해서 스스로 알게 되었다. 육아서를 하루 한 권씩 읽으면서 육아란 이렇게 해야 하는구나, 지금 당장 힘든 부분도 잠시뿐, 아이들은 금방 자란다. 깨달음도 얻는다. 사실 나는 좀 더 강하게 강조하고 싶다. 엄마라면 무조건 육아서를 읽으라고. 육아의 세계를 더 알고 엄마 역할도 좀 쉬워지며 많은 깨달음을 가질 수 있다고 이야기하고 싶다.

엄마가 책을 읽으면, 아이들 교육에 대한 철학이 생긴다. 정보에서 생각과 철학이 생긴다. 내가 알고 있는 것에서만 새로운 철학이 생기기 어렵다. 엄마라는 역할을 하게 된다면, 육아의 세계에 대한 정보가 있어야 한다. 매일 읽으면서 정보를 받아들이고, 그것으로 나의 생각, 나의 주장, 나의 철학이 새롭게 정리된다. 나는 육아서로 아이들을 키웠다. 육아서 포함 교육도서를 200권 이상을 읽다 보니, 나름 아이들을 어떻게 키워야 할 것인지 나만의 교육 철학 같은 것이 생겼다. 아이는 자유롭게 놀아야 한다. 타고난 발달을 존중해 주어야 한다. 어릴수록 정서적 압박을 주지 말아야 한다. 어릴 때 영향은 어른이 되어서도 평생, 아이에게 영향을 미치게 된다. 이런 확고한 생각들로 나는 아이를 공동육아 어린이집에 보냈다. 그리고 그 이후에도 초등학교를 대안학교에 보내게 되었다. 필리핀 세부를 갔다 온 지금은 일반 학교에 보내고 있다. 아이가 여러 학교를 다녀 혼란스럽게 느껴질 수도 있겠다 싶지만 나의 생각은 다르다. 뇌가 어느 정도 완성되는 시기인 초등 저학년까지는 아이들에게 자유롭게 자랄 수 있는 환경을 조성했다고 생각한다. 내가 이렇게 아이를 키울 수 있었던 것은 200권 이상의 육아서를 읽은 덕분이다. 나만의 교육 소신대로 아이들을 키웠고, 노력한 만큼, 아이들도 만족스럽게 잘 크고 있다.

　　엄마들이 책을 읽으면 자신만의 철학으로 흔들림 없는 육아와 교육을 할 수 있다. 엄마들은 누구나 자녀들에 대한 교육 철학이 있을 것이다. 그 교육 철학이 어디서 시작되었는지에 따라 바람에 이는 갈대처럼 흔들릴 수도 있고 아닐 수도 있다. 책을 통해서 얻은 교육 철학은 잘 흔들리지 않는다. 아무리 개똥철학이라 할지라도 흔들리지 않는 것이 중요한데, 그 이유는 교육관이 흔들리면 엄마도 아이도 정서적으로 편안하지 못하게 되어 배움과 성장에 오히려 해가 되기 때문이다. 시행착오는 있을 수 있다. 인간사에 완벽한 것은 없다. 하지만 소신 있게 흔들리지 않고, 일관되게 쭉 갈 수 있는 것이 중요하다. 책을 읽으며 형성된 교육 철학이라면, 그 근거가 책이란 것이기에 흔들림이 적다. 내가 아이를 초등학교 대안학교에 보냈을 때, 주위에서는 아이가 어디 아프냐? 라고 질문했다. 그 정도로 대안학교에 대한 이미지가 현실에서는 부정적이다. 그럼에도 불구하고, 아이들을 초등 대안학교에 보내겠다는 결정에 나는 조금도 흔들림이 없었다. 아마도 책의 영향일 것이라는 생각을 한다.
　　엄마들이기에 책을 읽어야 한다. 책을 읽는다면, 육아에 대한 다양한 지식과 정보를 얻음으로써 실질적인 도움이 된다. 책을 읽지 않는 것보다 책을 읽는 것이 육아는 훨씬 수월해진다. 이것만으로도 엄마들이 책을 읽을 이유가 충분하다.

엄마들이 책 쓰기를 한다면, 책 읽을 기회는 늘어난다. 엄마들은 바쁘기 때문에 책 읽기가 생각처럼 쉽지 않다. 그 고비를 넘기고 책을 읽는다면 육아에 많은 도움이 된다. 나는 책을 읽어야 할 사람을 꼭 고르라고 한다면, 엄마들이라고 말하고 싶다. 엄마들이 책을 읽음으로써 얻는 것은 육아에 있어서 꼭 필요한 부분일 뿐 아니라 커가는 아이들의 전반적인 교육철학을 가질 수 있는 계기가 된다. 아이의 건전한 성장과 발달의 중심에 엄마들이 있고, 이것이 엄마들이 먼저 책을 읽어야 하는 이유도 된다. 그 읽는 것에 습관을 들이는 방법으로 책 쓰기를 추천한다. 책 쓰기가 출간을 목적으로 하는 것보다, 읽기의 수단이 되는 것이다. 책 쓰기를 함으로 얻는 효과는 다양하고 그중에서 독서습관을 기를 수 있다는 사실 때문에 책 쓰기는 꼭 해야 하는 이유가 된다. 책을 읽고 책을 쓰는 것이 아니라, 책을 쓰고 책을 읽는 것이다. 이 순서를 달리한다면, 엄마들의 책 읽는 습관은 자연스럽게 길러질 것이다. 책 읽기 꼭 해야 하는 엄마들이, 책을 쓰기를 바란다. 책 쓰기 하면서 책 읽기를 삶에 확실히 세팅하길 응원한다.

글감을 찾는 관점으로 육아한다

아이는 울면서 나의 품에 달려든다.

"아빠 싫어!"

이제 초등학교 4학년인 딸은 서럽게 울고 있다. 조금 전, 남편은 아이에게 수학을 가르치려 했다. 아이는 다른 아이들보다 더 열심히 해야 하는 상황이다. 그래서 나는 매일 수학 교과서 반장씩이라도 아이를 가르쳐 달라고 남편에게 이야기했었다. 남편은 수학을 하자고 아이에게 이야기했고, 아이는 장난스럽게 응대를 했던 모양이다. 다른 방에서 듣자 하니, 남편은 목소리를 높였다. 그런 차에 아이가 책까지 바닥에 떨어뜨리자, 남편은 화를 냈다.

"예의 없이, 뭐 하는 짓이야! 열심히 해야 할 것 아니야? 자세 똑바로 해라.”

아이는 여전히 해맑게 굴었다. 하지만 평상시와 다르게 화를 내는 아빠에게 주눅 들고 결국, 서러움에 울음을 터트리며 나에게 달려왔다. 나는 아이를 안아주면서 “아빠가 정아를 사랑하기 때문에 수학을 많이 가르쳐 주고 싶은 마음에 그런 거야. 그런데 정아가 열심히 하지 않으니까, 화가 나신 거구.”라며 달래주고 아빠를 이해하라고 이야기했다. 아이는 나의 말에 강하게 아빠가 싫다고 말했다. 아마도 아이는 상처를 받은 모양이다. 평상시 아빠가 장난도 잘 치고 잘해주다가 무섭게 고함치고 화를 냈으니, 더욱 서러웠을 것이다. 남편은 남편대로 이유가 있었겠지만 남편이 아이에게 너무했다는 생각이 든다. 간만에 가르치면서 그렇게 겁준다면 아이들이 아빠와 공부를 하겠는가? 앞으로는 아빠와는 절대, 공부하려 하지 않을지 모른다. 빈대 잡으려다 초가삼간 태운다는 말이 있다. 공부하는 자세를 가르치려다가 공부도 못 가르치고, 정작 좋은 관계만 망칠 수도 있는 상황이다.

아빠의 어설픈 교육방법을 보자니 엄마인 나도 반성이 된다. 사실 나도 그랬었다. 아빠의 그 모습이 나의 모습이었다. 가르치는 것은 정말 사랑이 바탕이 되어야 한다. 사랑은 넘쳐나지만, 가르치는 그 순간 이것을 잊어버린다. 사랑이 전제되어야 교육도 있는 것인데 사랑을 잠시 잊어버리는 것이다. 수학을 가르치는 이유는 아이를 사랑하기 때문이다. 아이가 계산을 잘해서 학교에서도 잘하고, 사는데도 불편함이 없게 하기 위함이다. 아이에 대한 사랑이 있기 때문에 수학을 가르치는 것인데 수학을 가르칠 때는 수학만 보이는 것이다. 아이가 열심히 하지 않는 듯하면 화가 나게 되고, 빨리 수학을 가르쳐야 하는데 아이가 잘 따라오지 않는다면 또 화가 나는 것이다.

만약 근본적인 것을 좀 더 기억했다면, 화가 덜 났을지 모른다. 수학보다 아이의 마음이 더 중요하고, 아이는 조금씩 변화하고 성장하기 때문에 인내심이 필요하다. 어른인 우리가 특히 부모인 우리가 다른 사람보다 이런 아이의 특성을 더 인정하고 도와주어야 한다는 생각을 망각하지 않을 필요성이 있다. 사실 엄마·아빠도 인간이다 보니, 내 입장이 먼저일 경우가 있다. 빨리 가르치고 내일 출근을 위해서 좀 쉬어야 한다고 생각한다. 아이를 가르치고, 빨리 내가 보고 싶은 TV를 봐야 한다고도 생각한다. 아이보다 나를 위한 생각들이 앞선다면 아이는 내가 하고자 하는 것을 방해하는, 화가 나는 대상이 되는 것은 당연할 수 있다. 이런 모습이 과거의 나의 모습이었다. 지금도 가끔은 그렇지만, 그래도 책을 쓰면서 나는 많이 달라졌다.

책 쓰기를 하면 세상을 보는 관점이 조금씩 달라진다. 사람들은 세상을 보는 자신만의 안경을 가지고 있다. 안경을 통해 세상을 바라보게 된다. 책 쓰는 사람들은 책 쓰지 않는 사람과는 다른 안경을 끼게 된다고 말하고 싶다. 책 쓰는 사람들의 안경, 세상을 보는 그 관점은 다음과 같다.

첫째, 세상에 일어나는 일을 하나의 글감으로 인식한다.

책을 쓰기 위해서는 글감이 필요하다. 그 글감을 구하는 방법은 여러 가지이다. 책, TV, 광고, 신문, 주변에서 보고 듣고 만지는 오감을 통해서 접한 모든 것들이 글감이 된다. 하지만 이 중에서 가장 일반적으로 사용하는 것이 나의 이야기이다. 살면서 경험하는 것들이다. 내가 엄마이기 때문에 경험하는 수많은 경험이 다 글감이 된다. 아이를 키우면서 겪게 되는 상황들, 그 상황을 보면서 갑자기 느껴지는 깨달음, 나의 메시지, 모든 것이 글을 쓰게 하는 글감이 되는 것이다.

둘째, 어떤 상황에 매몰되지 않고 객관적으로 보게 된다.

아이와 지내는 시간이 마냥 행복하지만은 않다. 아이를 돌보고 키우고 공부시키는 것, 곳곳에 어려움이 도사리고 있다. 아이를 가르치면서 화가 나는 상황, 화를 내다보면 자신이 화에 함몰되어 이성을 잃게 될 것 같은 불안감도 느낀다. 이런 부정적인 상황에서 이것이 나의 이 상황을 글감이라고 생각하는 것이다. 그럴 경우 이 상황을 관찰하게 된다. 그 상황만 딱 들어내서 나를 객관적으로 바라보게 되는 것이다. 객관적으로 바라보는 것만으로도 많은 긍정적인 효과가 있다. 글감으로 승화하여 글을 쓰는 재료가 됨은 물론이거니와 그 부정적 상황을 좀 더 지혜롭게 넘길 수도 있다.

셋째, 객관적인 관점은 객관적인 해결법을 찾게 된다.

육아의 상황들, 좋은 일도 많지만 좋지 않은 일도 있는데 그런 상황을 객관적으로 볼 수 있다는 사실이 반갑다. 만약 남편이 아이를 가르칠 때 자신의 모습과 아이의 모습을 3자의 눈으로 바라봤다면, 화를 내다가도 멈추게 될 것이다. 연약하고 힘없는 아이에게 화를 내는 자신의 모습이 폭군처럼 느껴져 화들짝 놀라게 될지도 모른다. 아이에게 영어 공부하라고 닦달하는 나의 모습을 객관적으로 봤다면, 영어 공부보다 아이의 마음이 다치지 않는 것이 더 중요하다고 갑자기 느낄 수도 있다. 객관적인 관점을 가지는 자체로 우리는 적절한 해결법을 알고 행동하게 된다. 객관적인 해결법으로 아이들을 교육하게 될 것이다.

책 쓰는 관점이 육아를 하는 엄마들에게 필요하다. 책을 쓰면, 이런 관점이 육아에도 적용된다. 나의 삶, 육아, 교육 상황에서 글감을 찾듯 객관적인 시각과 해결법으로 육아를 하게 되는 것이다.

　글감을 찾듯이 육아도 그렇게 한다. 글감을 찾는 방법으로 가장 많이 사용하는 것이 나의 경험을 훑는 것이다. 과거부터 훑어서 내려오고, 현재도 생각한다. 글감은 나의 삶 자체가 된다. 모든 일상이 나의 글감이 된다. 특히, 엄마들의 일상이라면 육아를 말할 수 있겠는데 이 육아가 글쓰기의 재료가 된다. 이 재료를 수집하려면, 어느 한 시점의 일상을 들어내 놓고 그것을 객관적인 관점으로 바라본다. 그것에서 나의 메시지를 건져낸다. 나의 사례도 찾아낸다. 이렇듯이 육아도 나의 글감이기 때문에 들어내서 객관적으로 바라본다. 이런 관점이 육아에 매몰되지 않게 하고 정신없이 짜증을 내다가도 멈추게 한다. 화가 나더라도 제3자 입장으로 바로 보게 되므로 화를 가라앉히게 되는 것이다. 육아에 매몰되는 경우는 자신을 육아의 상황에서 벗어나 제3의 눈으로 보지 못했기 때문이다. 육아의 상황에 빠져서 객관적으로 보지 못한다면, 늪에 빠진 듯 더욱 허우적거리게 되고 육아가 힘들어지게 된다. 육아만큼 생산적이고 거룩한 일이 어디 있겠는가? 그리고 영원한 것도 아니다. 왜냐하면 아이들은 금방 크기 때문이다. 글감을 찾듯 책 쓰기를 하다 보면, 객관적으로 나의 육아를 보는 것이 생기게 된다. 이것이 바로 엄마들이 책을 써야 하는 또 하나의 이유가 되는 것이다. 육아가 버겁고 힘들다면 결단을 내리자. 책 쓰기를 바로 시작한다고 마음에 못을 박아보자. 믿고 책 쓰기를 시작해 보는 거다.

엄마의 성장은 가족의 성장이다

아이의 방을 임시 서재로 꾸몄다. 낮에는 주로 식탁에서 글을 쓰지만, 남편이 퇴근하고 나면 아이의 방에 임시로 만들어 놓은 책상으로 노트북을 옮긴다. 아이는 아직 초등학생이라 그런지 방에 혼자 있지 않는다. 말로는 책상도 침대도 꾸며달라고 하지만, 아직 때가 아닌듯했다. 그래서 그 공간을 나의 책 쓰는 공간으로 만들었다. 저녁을 해 먹고 9시쯤 되어야 그 방에 들어갈 수 있다. 하루는 그 방에서 작업하고 있는데 평상시와 다르게 밖이 조용한 느낌이 들었다. 아니, 이게 무슨 상황이지? 바쁜 가운데에서도 너무 조용하고 평상시와 다른 낯선 기운이 느껴져 조용히 방을 나와서 아이들이 무엇을 하나 찾아보았다.

수홍이는 안방 침대에 엎드려 책을 보고 있다. 딸은 거실에서 낮은 상을 펴놓고 열심히 무엇인가를 오려서 붙이고 있다. 남편은 핸드폰으로 글을 읽고 있다. 수홍이의 행동이 가장 반갑다. 사실, 아이들이 책을 잘 안 읽었다. 내가 가장 원하는 것 중의 하나는 아이들이 책을 읽는 것이다. 성장해서는 매일 읽고 자기 생각을 글로 써서 주변에 좋은 영향을 줄 수 있는 삶을 살았으면 하는 바람이 있다. 그래서 수시로 이야기한다.

"수홍아, 엄마는 네가 책을 썼으면 좋겠어. 직업과 상관없이 책은 썼으면 좋겠어."

이렇게 세뇌를 시킨다. 기회가 있을 때마다 나의 바람을 아이에게 말한다. 아마도 영향을 받을 것이란 믿음으로 수시로 이야기하는 것이다. 가장 이야기하기 좋은 때는 차 안이다. 차 안에 둘이 있을 때이다. 조수석에 앉은 아이는 꼼짝없이 나의 이야기를 들을 수밖에 없다. 다른 곳에 갈 수도 없고, 안 듣고 싶어도 거리상 가깝기 때문에 안 들을 수가 없다. 그래서 주로 차 안에 둘만 있을 때 나의 바람을 자주 이야기한다.

그럼에도 불구하고 평상시 책을 잘 읽지 않는다. 그렇게 읽지 않는 책을 수홍이가 읽고 있다. '바라는 것은 언젠가는 이루어지는구나. 네빌 고다드의 말이 맞았어. 상상한 것은 현실이 된다는 그 말이 실제 내 앞에 펼쳐지고 있어!'라면서 속으로 쾌재를 불렀다. 딸의 열중하는 모습도 보기 좋다. 조용히 뭔가를 하는 엄마의 그 모습대로, 딸은 책은 아니지만 뭔가에 열중하고 있다. 발전의 기미가 많이 보이고 있다. 남편은 남편대로, 그렇게 읽지 않는 글을 소파에 누워서 보고 있다. 마누라 영향이라고 나는 스스로 생각하고 싶다. 어찌하였던 남편이 뭔가를 읽고 있지 않은가? 속으로 폭풍 칭찬을 해주었다.

엄마의 성장은 아이들의 성장으로 이어진다. 물론 가족에게도 영향을 미친다. 엄마의 책 쓰기는 어떤 자극보다 아이들과 가족에게 값진 자극제가 된다. 책 쓰기에 대한 나의 생각은 이렇다.

첫째, 책 쓰기는 출간이 목적이 아니다.

인생 첫 책을 쓸 때, 나의 목적은 책 출간이었다. 나의 삶을 쓰고 싶다는 의도가 강했다. 내가 하고 싶은 말을 해야겠다는 생각, 그래서 나도 이런 사람이란 것을 알리고 싶다는 외적인 목적도 있었다. 하지만, 지금은 아니다. 내가 매일 책을 쓰고 있지만, 출간이 목적이 아닌 것이다. 지금은 책을 쓰는 과정 중에 얻게 되는 변화들이 더 소중하다고 느끼기 때문이다. 특히 아이를 키우는 데 책 쓰기가 도움이 많이 된다는 것을 알게 되었다. 아이만 키웠을 때는 우울감이 있었다. 하지만 책을 씀으로써 육아 외에 다른 멋진 일을 한다는 생각 자체만으로 기분이 좋아지고 자존감이 회복되었다. 또한, 부부간의 갈등도 줄어드는 것 같다. 뭔가 집중하는 나만의 일이 있다는 자체가 남편에 대한 불만이 있더라도 '그래, 온종일 일하다 왔으니 얼마나 피곤하겠어.' 이렇게 이해하고 넘어간다. 내가 집중할 것이 있는데, 그쪽으로 에너지를 뺏기고 싶지 않은 것이다. 더 행복한 것이 있는데, 좋은 일도 아니고 남편 잡고 바가지 긁고 싶지 않게 된다. 아이들한테도 책에서 보고 깨달은 내용대로 좀 더 우아한 엄마가 될 수 있다.

둘째, 출간한 책은 단지 덤일 뿐이다.

출간 자체는 덤이라고 말한다. 왜냐하면, 한 권의 책을 세상에 내놓는 것보다 더 가치 있는 것을 책 쓰기 과정 중에 찾았기 때문이다. 책을 써보지 않은 사람은 잘 모른다. 책 쓰기 하면서 우리가 얻는 배움이 그 어떤 유명 교육기관의 배움보다 가치 있다는 것을. 해보면 알게 된다. 출간함으로 부수적으로 따라오는 삶의 변화도 분명 있을 것이다. 하지만 솔직히 말해서 출간한 책 자체로 삶의 변화를 느꼈다고 나는 말할 수는 없다. 한 권의 책으로 베스트셀러 작가가 된 사람도 있지만, 그런 경우가 일반적인 것은 아니다. 그런 사람이 되고자 책 쓰기를 시작하기도 하지만, 베스트셀러 작가가 되지 않아도 결코 책 쓰기로 얻는 가치가 작지 않다. 특히, 엄마들이 책을 쓰면 얻는 것이 더욱 많다. 엄마 자신의 성장은 물론이거니와 육아의 늪에서 빠져나올 수 있고, 엄마의 성장으로 아이들에게 좋은 영향을 미치게 된다. 나는 책 쓰기를 통해서 책을 읽고 아이디어를 얻은 것으로 책 쓴 이후의 삶을 만들어 왔다. 영어도 잘 모르면서 필리핀 세부 살이를 할 수 있었던 것도, 책 쓰기가 있었기 때문에 도전할 수 있었을 것이라 생각한다. 책 쓰는 과정에서 엄마들은 많은 아이디어를 얻고, 그것이 아이들과 함께 성장하는 계기를 마련하게 될 수도 있는 것이다. 책 출간 자체는 단지 덤일 뿐이다. 더 큰 것들이 책 쓰기 과정 중에 펼쳐진다는 것을 꼭 기억했으면 한다.

셋째, 책 쓰기의 진정한 가치는 성장이다.

엄마들에게 성장은 필수라고 이야기했다. 왜냐하면, 엄마의 의식수준이 아이 성장의 한계선을 긋기 때문이다. 아이가 어릴수록, 이것은 절대적일 수밖에 없다. 그렇기 때문에 엄마는 공부해야 하는 것이다. 그런데 시간도 체력도 부족한 엄마가 어떻게 배울 수 있겠는가? 참 난감하다. 혼자서 시간이 될 때, 책을 읽어서 배울 수 있다. 꾸준히 한다면 이 방법도 아주 좋지만, 뭔가 특별한 자극제가 필요하다. 책 쓰기가 엄마 성장의 계기가 된다. 책을 쓰면서 나는 더 많은 책을 읽게 되었다. 이것 자체만으로도 많은 것을 배울 기회가 갖게 되는 것이다. 그리고 새로운 아이디어를 계속 만들어 내면서 글을 쓰게 되었고, 삶에도 이 아이디어를 적용한다. 육아에는 당연히 적용하는 것이다. 새로운 경험을 시도하고, 이것이 또 성장의 발판이 된다. 책 한 권 쓴 것이 인생에 더욱 도움이 되는 배움이라고 말하고 싶다. 책 쓰기의 진정한 가치는 성장이다.

아이의 절대적인 환경인 엄마가 성장한다면, 아이들도 덩달아 성장하게 된다. 아이들은 따라 쟁이다. 무엇이든지 따라 한다. 다칠지언정 일단 따라 해보는 것이 아이들의 속성이다. 엄마가 책을 읽는다면, 책 읽는 엄마를 따라서 책을 읽는다. 아이마다 시간차가 있을 뿐이지 분명 긍정적 영향을 받는다. 아이를 키우고 싶은 방향대로 엄마가 먼저 하면 아이들은 그 방향대로 가게 될 것이다. 일상의 사소한 예를 들면, 아이가 수영을 배웠으면 좋겠다는 생각을 가졌다고 하자. 요즘 생존 수영의 필요성을 많이 강조한다. 수학여행으로 배를 타고 가던 고등학생들의 불미스러운 사건이 발생한 후, 부모들은 무조건 아이들에게 수영은 기본적으로 가르쳐야 한다는 절박한 심정이 생겼다. 그래서 수영을 가르치려 하는데, 이럴 때 가장 좋은 방법은 엄마가 수영을 직접 배우는 것이다. 그리고 아이를 수영장을 데리고 다니면서 수영하는 사람들의 모습을 보여준다. 아이를 가르칠 때 가장 독이 되는 것이 강압적으로 시키는 것이다. 당장은 아이가 따라 할 수 있겠지만 그것 때문에 결국, 그것만 빼고 다 하는 아이가 될 수 있다. 수영하는 엄마모습을 보면서 자연스럽게 몸에 익히도록 하면 된다. 그렇게 엄마가 수영하면, 아이도 수영을 따라하게 된다. 수영뿐 아니다. 아이가 배우는 것을 좋아하고 자기주도 학습능력을 갖추기 바란다면, 엄마가 스스로 책을 쓰면서 열심히 읽고 쓰는 모습을 자주 보여주면 된다.

남편도 아내를 따라온다. 나의 남편도 책을 한 권 집필했다. 하지만 신기한 것이 집에서 도통 책 읽는 모습을 볼 수 없다는 것이다. 퇴근해서 저녁 먹고 설거지를 하고 나서는 소파에 누워 잔다. 설거지는 남편이 주로 많이 한다. 그나마 다행이라고 생각한다. 한숨 자고 나면 남편은 아이들과 잠시 놀아주고, 밤이 깊어지면 남편 서재에 들어가서 이어폰 끼고 전쟁영화나, 이순신 등 종영된 드라마를 본다. 그리고 잔다. 책 읽는 모습은 1도 찾아볼 수 없다. 그런 사람도 요즘은 스마트 폰으로 책을 본다. 조용히 앉아서 잠시 잠깐 읽는 모습을 보여준다. 이제 1권의 출간으로 끝내지 말고, 두 번째 책도 남편이 쓰기를 바라면서 언젠가는 왕성한 집필활동을 하는 부부로 거듭났으면 하는 마음이다.

엄마의 성장은 아이의 성장, 가족의 성장이 된다. 아이의 영향은 어릴수록 크다. 엄마의 성향이 아이의 성향과 가족의 성향에 절대적 영향을 미친다. 인정하고 싶지 않지만, 엄마인 이상 이것을 인정하지 않을 수가 없다. 외식을 즐기는 엄마라면, 외식을 즐기는 아이들이 될 것이다. 지금은 잠시 쉬고 있지만, 직장 다닐 때 나는 일주일에 2~3번씩 외식을 했다. 외식하는 요일이 주로 정해져 있다. 금요일은 빼지 않고 밖에서 식사를 했다. 아이들은 금요일 되기 전부터 무엇을 먹을지 행복한 상상을 한다. 서로 가고 싶은 데 가겠다고 싸우기도 했다. 그리고 맛집에도 관심이 많아진다. 이런 것들이 꼭 나쁘다는 것은 아니지만, 엄마의 외식 선호로 아이들도 그것과 관련된 것들에 관심이 늘어난다는 사실을 알수 있다. 이왕이면 엄마들이 책 읽고 글 쓰는 성장에 관심이 많으면 좋겠다. 그래서 책 쓰기를 권한다. 해보지 않고 단정하지 말기를 바라며, 이제 책 쓰기로 엄마 자신은 물론이고 아이와 가족의 성장도 챙기시길 권한다.

제3장
엄마들의 초고 쓰기, 이렇게 완성해라

필사, 우습게 보지 마라

"정아야, 필사했니?"

"한글책, 영어책, 둘 다 필사해야 해."

아침마다 아이들 공부를 챙겨주고 있다. 현재 초등 4학년, 5학년인 아이들은 코로나 상황으로 학교에 가지 않고 집에서 온라인 수업을 한다. 온라인 수업은 매일 하고 있지만, 그것으로 부족하다. 아이들은 대안학교에 다니다 필리핀 세부에 가서 그곳 학교에 다니다 왔기 때문에 배움의 양이 부족하다. 다른 아이들은 한글책을 술술 읽는데, 수홍이는 그나마 잘 따라가고 있고 4학년인 딸아이는 아직 공부가 더 필요한 상태이다. 읽는 것이 그러니, 이해하는 것도 느리다. 읽고 쓰는 것을 통해 글자에 대한 이해도를 늘려야 하는 상태이다. 그래서 나는 필사를 아이들에게 시키고 있다. 읽고 난 뒤 읽은 부위를 그대로 따라 쓰는 것, 이것은 아이들이 크게 부담이 없으면서 효과는 좋은 방법이라 판단하고 있다. 이미 나는 인생 첫 책 쓰기 경험을 통해서 필사의 효과를 느꼈다.

세부에 있을 때도 아이들에게 필사를 시켰다. 세부 사립학교에서는 영어로 수업을 하고 있다. 교과서도 당연히 영어로 쓰여 있다. 처음에는 듣고 말하는 것에 집중했다면, 그다음 단계가 읽고 쓰는 것이다. 읽고 쓰는 것이 안 되면 시험을 보기 어렵다. 그래서 영어 글자에 익숙하게 하기 위해, 다양한 감각들을 활용하기로 했다. 영어 글자를 눈으로 보고, 소리 내서 읽고, 그리고 손으로 쓰는 것이다. 3가지 감각으로 영어 글자를 뇌에서 받아들이는 방법은 아이들이 영어 글자에 익숙할 수 있는 쉬운 방법이다. 학교에서는 교과서 진도를 나가고, 가정으로 오는 영어 과외는 아이들이 듣는 쪽에 집중할 수 있도록 했다. 그리고 손으로 익히는 필사는 내가 직접 담당한다는 생각을 가지고 아이들 필사를 할 수 있도록 지도했다. 그렇게 영어 글자를 아이들은 익혔다.

나는 내 인생 첫 책, 《하루한권 독서법》을 본격적으로 쓰기 전에는 필사에 대해 부정적이었다. 그저 베끼기만 하는 그것이 무슨 효과가 있을까? 한마디로 우습게 생각했다. 시간이 아깝다고 여겼다. 하지만 직접 해보고 나는 생각이 바뀌었다. 그래서 아이들, 한글 공부에도, 영어 공부에도 필사를 꼭 넣고 있다.

인생 첫 책을 쓰면서 필사를 처음으로 해보았다. 조정래 작가가 자신의 며느리한테도 시킨 것이 자신의 책을 필사하라는 것이란 이야기를 들었다. 그 당시에만 해도 나는 '왜 굳이 필사를 시킬까? 참 특이한 작가네.'라고 생각하고 말았다. 시간이 흘러서, 내 인생 첫 책의 원고를 쓰게 되었다.

원고를 쓰면서 가장 어려웠던 점이 내가 하고 싶은 말이 무엇인지 잘 모르겠다는 것이다. 책이란 것은 저자의 메시지가 있어야 한다. 쉽게 말해서 특정 주제에 대한 저자의 하고 싶은 말이 있어야 한다. 그런데, 직장생활을 오래 한 사람이라면, 자기 생각이나 주장을 펼치기보다는 주어진 일을 묵묵히 하는 것에 더 익숙해져 자신의 목소리를 내는 일에 어색하게 된다. 물론 사람마다 차이는 있다. 나의 경우는 그랬다. 그래서 먼저 글을 쓰기 위해서 내가 임시방편으로 찾은 것이 필사였다. 읽히는 글을 쓰기 위한 방법으로 필사를 선택한 나는 지금은 생각한다. 필사하지 않았다면, 지금의 책 쓰는 삶은 없었을지 모른다고.

나뿐만 아니라, 필사에 대해 부정적인 시각을 가지고 있는 사람이 있다. 필사에 대한 부정적인 선입견으로는 다음과 같은 마음이 있겠다.

우선은 베껴 쓰는 것에 대해 불편한 마음이 있다.

무엇인가를 베껴 쓰고 모방하는 것은 느낌상 좋지 않다. 창의적인 것은 좋은 것이고, 누군가를 따라서 베껴 쓰는 것은 좋지 않다는 고정관념이 무의식적으로 마음에 들어서 있다. 학교 숙제를 할 때, 그대로 복사해서 붙이는 행위 자체는 나쁘다고 지적을 받은 적이 있다. 하지만 자라 보고 놀란 가슴 솥뚜껑 보고 놀란다는 옛말처럼, 모든 면에서 복사해서 붙이는 행위 자체가 나쁜 것처럼 인지된다. 온라인 수업을 하면서, 아이들 과제가 소소하게 많이 있다. 그럴 때 인터넷 검색을 해서 숙제를 제출하는 경우가 많은데, 비록 아이들이 자료를 찾고 그것을 붙여서 한두 마디 추가하는 과제일지라도 아이들에게는 분명 긍정적 효과가 있다. 아이들은 인터넷 검색으로 세상에 이런 것도 있다는 것을 알게 된다. 그리고 자신도 나중에 이런 것을 개발하고 싶다고 이야기를 하기도 한다. 창조는 모방에서 시작한다는 말이 맞다. 모방한다고 불편한 마음을 가질 필요가 없는 것이다.

두 번째로는 필사는 부족한 사람이 하는 것이다. 모방은 창조보다 좋지 않은 것이고, 그것을 하는 사람 자체도 뭔가 부족한 사람이라는 이미지를 가지고 있다. 하지만 아니다. 모방을 통해서 더 많은 사례를 접할 기회가 되고, 모르는 것을 알게 되고, 그러므로 오늘보다 발전하는 사람이 되는 것이다. 나는 첫 원고를 쓰기 전에 필사를 했다고 했다. 원고를 쓰면서도 글이 막힐 때는 내가 쓰는 주제로 나온 책을 가지고 필사를 했다. 이론과 실기를 동시에 하는 것이다. 그렇게 해서 써낸 책이 현재는 7권이다. 부족하기 때문에 필사하는 것이 아니다. 배우기 위해서 필사를 하는 것이다. 필사에 대한 정의를 바꾸어야 한다.

세 번째로는 필사가 베껴 쓰는 것이기에 효과가 없다고 생각한다. 필사를 꺼리는 가장 큰 이유는 필사 자체가 효과가 없을 것이란 막연한 생각 때문이다. 지금은 조정래 선생님이 이해가 간다. 아들에 대한 사랑뿐 아니라 며느리에 대한 사랑이 지극하다는 생각이 든다. 필사야말로 책을 쓸 수 있는 방법이란 것을 조정래 선생님은 알고 계셨던 것이다. 당장 1꼭지 글을 써내야 하기 때문에 나는 필사를 권한다. 필사는 그 정도로 인생 첫 책 쓰는 사람에게는 꼭 해야 할 부분이다.

필사를 통해서 얻게 되는 가장 큰 가치라고 한다면, 2가지를 말할 수 있다. 우선은 필사하면서 글쓰기 실력이 좋아진다. 아이들이 필사하게 되면 글자를 빨리 익히게 된다. 그래서 보고 읽는 것에 외에도 필사를 시킨다. 또한, 글의 구조에도 익숙해진다. 전체적인 글의 형식에 대해서 감을 잡을 수 있다. 그럼으로써 글 쓰는 실력이 좋아지게 된다. 이것은 엄마들도 마찬가지이다. 엄마들도 글에 있어서는 문외한이다. 아이들처럼 필사로 글

쓰기 실력을 높일 수 있다. 두 번째로 필사의 가치라면, 필사가 쓰기 쉽기 때문에 매일 쓸 수 있다. 글을 잘 쓰려면 매일 써야 한다. 다른 방법이 없다. 그런데 처음 쓰는 사람일 경우 이것이 쉽지 않다. 그래서 혼자서 쓸 수 있을 때까지 필사하는 것이다. 자전거를 자유자재로 타기 전, 어느 정도 실력이 쌓여 혼자 탈 수 있을 때까지 누군가가 뒤에서 탈때마다 잡아주어야 한다. 글쓰기에서 누군가가 뒤에서 잡아주는 역할에 해당하는 것이 필사라고 할 수 있다. 든든히, 맘껏 자기 생각을 적을 수 있도록 도와주는 것이 필사인 것이다. 인생 첫 책을 쓰는 엄마들이 꼭 필사해야 할 이유이다.

　인생 첫 책을 쓰는 엄마들이 해야 할 첫 번째가 필사이다. 필사는 처음 글을 쓰는 엄마들에게 사막의 오아시스와 같은 것이 될 것이다. 왜냐하면 필사로 인해 쓰는 것에 익숙해지고, 책이 되는 칼럼과 같은 1꼭지 쓰기 감을 잡을 수 있기 때문이다. 필사는 이미 책이 된 글이다. 이미 책이 된 글을 공부하고 실제 타자로 쳐 보면서 매일 이론과 실습을 공부하게 된다. 필사에 대해 우습게 생각하는 사람이 있다. 나도 첫 책을 쓰기 전까지 그렇게 생각했다. 필사를 제대로 알지 못했기 때문에 그때는 그랬다. 필사의 가치를 알지 못하고 그것을 별 가치가 없는 것으로 여긴다면, 책 쓰기 자체가 아주 힘든 작업이 될 수 있다. 초고를 쓰기로 각오한 엄마라면 다른 일 제쳐두고 필사부터 하기를 바란다. 초고를 쓰는 중에도 필사를 병행해야 한다. 필사는 시간만 낭비하는 쓸데없는 일이 아니라, 어쩌면 빠르게 책 쓰는 기술을 익히고 감을 잡아 인생 첫 책을 완성하게 하는 견인차가 될 것이다. 필사, 당장 시작하자.

의심하지 말고 1일 1챕터 필사해라

"인생 첫 책을 쓰고자 한다면 필사부터 하세요."

나는 책을 쓰고 삶이 바뀌었다. 내 삶이 바뀐 것처럼 책 쓰기를 원하는 사람이 책을 쓰고 원하는 삶을 살 수 있도록 돕겠다는 상상을 하고 있다. 책쓰기 경험을 통해 나는 책을 직접 써보는 만큼 잘 배우게 되고 평생 스스로 배울 수 있고 인생을 긍정적으로 바꿀 수 있는 방법도 없다고 여긴다. 이렇게 좋은 것을 나만 알고 있기에는 아깝다. 책 쓰기로 변화된 나의 삶과 이것이 안겨다 주는 만족감과 행복감을 사람들에게 알리고 싶어졌다. 더 체계적으로 공유하기 위해 지금도 나는 연구하는 마음으로 지낸다. 어떻게 하면 인생 첫 책 쓰기를 더 많은 사람이 할 수 있을까? 이런 생각을 반복하면서 나는 그 방법으로 1일 1필사를 강조하게 되었다. 필사는 사람들에게 인생 첫 책 출간이라는 귀한 선물을 안겨다 줄 것이다.

인생 첫 책을 쓰는 사람에게 있어서 필사는 중요하다. 필사가 책 쓰기를 제대로 시작할 수 있도록 도움이 될 수 있기 때문이다. 보통, 필사에 대해서 별 효과가 없으리라 생각한다. 그저 베껴 쓰는 것이 무슨 실력향상에 도움이 되겠어? 라는 시각을 가지고 있는 것이다. 하지만 이렇게 생각해 보자. 우리가 무엇을 배울 때, 가장 먼저 하는 것이 무엇이었는지를 기억해 보자. 보고 따라 하는 것이다. 갓난아기들이 말을 배울 때도 수천 번, 수만 번 듣고 옹알거리다가 엄마, 아빠의 말을 따라 하게 된다. 최근 나의 아들은 에스보드를 타고 있다. 에스 보드, 참 생긴 것도 특이하게 생겼다. 평평한 보드가 아니라 발목 동작에 따라서 발을 딛는 판이 움직인다. 이런 것이 있는지 사촌이 택배로 보내기 전에는 보지 못했다. 처음 본 그 모양에 약간의 충격을 받고, 거실에 방치 아닌 방치를 1개월 넘게 해두었다. 그러다 어느 날, 심심했던 아들은 거실에서 에스보드에 올라타는 연습을 했다. 계속 실패를 하면서 아들은 유튜브에서 에스보드 타는 영상을 찾아보았다. 영상을 수차례 보더니 따라 타기 시작했다. 그렇게 눈으로 익혀서 실제 타보면서 에스보드를 타게 되었다. 보고 따라 타다가 에스보드 타게 된 것처럼, 베껴 쓰다 보면 내 글도 쓰게 되는 것이다. 쓰기도 하나의 기술을 연마하는 것과 같다. 1꼭지 글쓰기 기술은 필사로 연습이 된다.

엄마들은 육아하느라 바쁘다. 그래서 책을 읽고 쓰는 세계를 접하지 못하는 엄마들이 더 많을 것이라 예상한다. 우연히 책과 함께 육아를 시작하게 된 엄마들이 그렇지 못한 엄마보다는 훨씬 적을 것이다. 그렇게 육아에 바쁜 엄마들이 책 쓰기를 한다는 것은 쉽지 않은 일이다. 하지만 힘든 부분도 있겠지만 이런 엄마들에게 필사는 가뭄의 단비와 같은 역할을 해줄 것이다. 책이라고는 잡아보기 힘들었고 글이라고는 짧은 메시지 쓰는 것이 대부분이었던 엄마들이 인생 첫 책을 쓰기 위해서 필사를 해야 하는 구체적인 이유는 다음과 같다.

첫째, 처음에는 자기 생각을 글로 쓰기가 쉽지 않다.

글이란 것은 평상시 자주 쓰지 않았기에 내 생각을 정리해서 쓰는 자체가 잘 안 된다. 글쓰기를 여러 번 한 사람은 상황이 조금 다를 것이다. 말을 하듯이, 글도 반복해서 써보는 것이 그래서 필요한 것이다. 나 또한 처음 원고를 쓸 때, 생각을 글로 써내는 자체가 어려웠다. 그래서 엄마들도 마찬가지일 수 있다고 예상한다. 생각을 자신의 글로 써내는 그 작업을 연습하기 위해, 일단 글이라는 것을 어떤 식으로 써야 하는지 필사를 한다면 배울 수 있다. 자기 생각을 글이라는 표현으로 쓰기 위해 어떻게 해야 하는지 알 수 있게 하고, 글쓰기를 시작할 수 있는 용기가 생기도록 필사가 도와줄 것이다.

둘째, 필사로 글을 매일 쓸 수 있다.

바쁜 엄마들, 할 일도 많아 생각도 많은 엄마들, 필사는 생각이 없어도 바쁘다면 간단히도 할 수 있다. 부담 없이 할 수 있는 것이 필사라고 말할 수 있다. 그래서 매일 할 수 있다. 필사에 대한 가치만 제대로 인지한다면, 특별한 일이 없는 한 매일 필사하는 것이 가능하다. 워드로 치는 것이 가장 쉽고 편하지만 노트로 적어도 된다. 자신한테 적당한 방법들을 찾아 깊이 생각하지 않고 필사로 매일 글을 쓸 수 있다.

셋째, 매일 쓰면서 글 쓰는 것에 대한 낯가림이 없어진다.

글을 쓴다는 것이 익숙하지 않기에 하기가 싫어진다. 그런데 필사를 통해서 글과 매일 접하게 된다고 생각해 보자. 익숙해지는 것은 금방이다. 낯가림이 없어지는 것도 당연하다. 내가 직접 쓰는 글이라면, 비록 베껴 쓰는 것일지라도 그것도 글이기에 글 쓰는 것이 일상처럼 느껴질 수 있다.

필사, 이것으로 글쓰기에 익숙해지고 낯가림이 없어진다는 그 사실만으로도 필사는 아주 특별한 것이 되는 것이다.

넷째, 필사로 책 쓰기 실습을 한다.

필사는 이론과 실습을 동시에 할 수 있는 것이다. 만약 책 쓰기를 배우고 있다면, 이론을 배워 와서 필사로 실습을 하면 된다. 아니면, 필사하는 책을 책 쓰기 이론이 나와 있는 책으로 선택하면 된다. 책 쓰기 이론에 대한 내용을 필사하는 것이다. 그렇다면 책 쓰기 방법에 대해서 익히면서 직접 실습도 하는 효과가 있다.

다섯째, 1꼭지 쓰는 방법에 대해 감을 잡는다.

책 쓰기를 하려면, 1꼭지를 쓸 수 있어야 한다. A4 2장에서 2장 반이 한 꼭지 분량이다. 이 분량만 쓸 수 있으면 책 한 권 쓰는 것은 문제없다. 왜냐하면, A4 2장에서 2장 반 쓴 꼭지들이 35~40꼭지 정도가 모이면 책 한 권 분량이 되기 때문이다. 필사를 통해서 이 1꼭지 쓰는 방법에 대한 감을 잡을 수 있다. 자기계발서의 대부분은 이렇게 만들어진다. 에세이도 마찬가지로 이렇게 쓰면 된다. 책 쓰기의 기본은 A4 2장에서 2장 반 쓰는 것이니, 매일 필사하면서 1꼭지를 쓰다 보면 1꼭지 글쓰기를 더 잘 쓰게 될 것이다.

여섯째, 필사를 하다 보면 내 글도 쓰고 싶다는 생각이 든다.

언제까지 남의 글만 쓸 수 없다는 각성과 함께, 감 잡은 1꼭지 쓰기 방법대로 자신의 글을 쓰고 싶다고 생각하게 된다. 사실 이런 생각도 필사로 어느 정도 글쓰기에 익숙해졌기 때문에 갖는 자신감이다. 그런 욕구가 생기면, 그때가 내 글을 쓰는 시점이 되는 것이다. 그래서 나는 책 쓸 계획을 세우고 있는 엄마라면 다른 것 제쳐두고 필사부터 하라고 권한다. 필사하면서 서서히 1꼭지 쓰는 기술에 감을 잡고, 그렇게 준비를 하면 좋은 것이다. 필사할 시간도 없이 책 쓰기를 시작한 엄마라도, 필사를 건너뛰지 말고 원고를 쓰면서 해도 된다. 왜냐하면 책 쓰는 중에도 필사로 쓰는 몸을 만들고, 더 배울 수 있기 때문이다. 첫 책 쓰는 엄마들에게 필사는 꼭 거쳐야 할 부분임을 기억하자.

일곱째, 책 쓰기 전의 확실한 워밍업은 필사이다.

결국 필사는 책 쓰기를 하기 전의 워밍업이라 할 수 있다. 모방하지 않고 제대로 배울 수 없듯이, 필사하지 않고 책 쓰기를 제대로 할 수 없는 것이다. 책 쓰기에 대해 알기 위해서, 배우기 위해서, 1일 1챕터 필사는 확실한 워밍업이 되는 것이다.

의심하지 말고 1일 1챕터 필사해라. 필사가 첫 책을 쓰는 엄마들에게는 없어서는 안 될 부분이다. 말은 잘 되는데 글로는 잘 안되었다면, 필사를 통해서 해결할 수 있다. 글쓰기에 대한 고민은 모든 사람이 가지고 있다. 왜냐하면 많이 해보지 않았기 때문이다. 엄마들도 마찬가지로 육아에 바빴기 때문에 글 쓰는 시간이 부족했다. 이런 엄마들이 책 쓰기를 하려면 가장 먼저 해야 할 것이 바로 필사이다. 필사로 쓰기에 익숙해지고, 필사로 쓰는 방법을 조금씩 터득하고 감을 잡게 된다. 주변에서 아무리 가르쳐주고 도와주어도 본인이 직접 써보고 느껴야 하는데, 처음부터 자신의 글을 쓰기는 힘들기 때문에 필사를 통해서 글을 쓰고 배우며 익히는 것이 가장 좋다고 할 수 있겠다. 필사의 이런 가치를 제대로 알아야 한다. 가치를 알지 못하면 하지 않게 되기에 필사의 가치를 먼저 인지하고, 누가 뭐라고 이야기하던지 책을 꼭 써내겠다고 각오한 엄마들은 1일 1챕터 필사하는데 집중하시길 응원한다.

책 쓰기의 2가지 관문, 목차 만들기와 1꼭지 쓰기

　책 쓰기에 2가지 관문이 있다고 나는 말한다. 이 2가지 관문만 자유자재로 넘을 수 있다면, 책 쓰기는 그야말로 일상이 될 것이다. 나는 지금도 이 관문을 단련하고 있다. 개인 저서 8권을 출간한 나는 아직도 이것을 연습하고 있는 중이다. 연습하는 이유는 더 쉽게 쓰고 싶고, 더 빠르게 쓰고 싶기 때문이다. 매일 쓰고 있는 이유 또한, 출간이 목적이 아니라 책 쓰기 기술을 더 완벽하게 자유자재로 나의 것으로 만들기 위해서이다. 문학적 기질을 타고나는 사람이 있다. 타고 나는 요리 솜씨처럼, 타고 나는 운동 신경처럼 글 쓰는 기질도 그렇다. 하지만 책 쓰기는 타고난 글쓰기 재능만으로 하는 것이 아니다. 오히려 자신의 재능을 믿고 차일피일 책 쓰기를 미룰 수 있다. 언젠가는 마음만 먹으면 쉽게 해낼 수 있을 것 같은 생각 때문이다. 하지만 생각처럼 쉽지 않다. 왜냐하면, 책 한 권 써내는 것은 문학적인 재능만으로 쓰는 것이 아니기 때문이다. 책 쓰기 방법을 아는 것이 더 필요할지 모른다. 문학적인 재능을 타고나지 않아도 책 쓰기 방법만 안다면 1년에 3권도 써낼 수 있다. 나는 타고난 글쟁이가 아니지만, 방법을 알고 꾸준히 쓰다 보니 1년에 3권을 출간하게 되었다. 책 쓰기 2가지 관문인 목차 만들기와 1꼭지 쓰기는 매일 연습해서 몸에 익혀야 할 아주 가치 있는 기술이다.

　글 쓰는 사람의 하고 싶은 말을 모아 놓은 것이 목차이다. 목차를 거창하게 생각할 필요가 없다. 엄마들이 책을 쓰고 싶다면, 우선 쓰고 싶은 분야를 정해야 하는데 인생 첫 책이라면 에세이식 자기계발서가 쓰기에 좋다. 장르를 정했다면 다음은 주제를 정하는 것이다. 주제는 자신이 좋아하는 취미활동에서부터 직장에서 하는 일까지 다양하게 선택할 수 있다. 내가 쓴 그동안 주제들은 나의 삶과 직접 관련 있는 것들이다. 쓴 주제를 나열해 보자면 새벽에 일어나서 책 읽고 SNS에 글 올리고, 그리고 책 쓰기 경험 이야기이다. 필리핀 세부에 있을 때는 세부만의 특별한 생활에 대해 책으로 썼다. 이렇게 삶을 책으로 쓸 경우 좋은 것이, 나의 삶 자체가 하나의 글감이 된다는 것이다. 그래서 할 말도 많아지고 쓸 때도 쉽게 쓸 수 있다. 그러면서 내가 느끼고 깨달은 메시지를 넣어주면, 그 누군가에게는 읽을 만한 가치가 있는 책이 된다. 엄마들이라면 주제가 다양하다. 아이들 키우는 경험 이야기에서부터 시작해서 쓸 주제도, 글감도 얼마나 많은지 모른다. 주제를 정하고 난 뒤, 하고 싶은 말들을 문장으로 만들어 보는 것이다. 이것이 목차가 된다.
　내가 하고 싶은 말이 곧 목차가 되는데, 이것은 브레인스토밍으로 만든다. 목차 만들기 방법은 거의 비슷하다. 목차의 흐름은 what-why-how이다. 내가 쓰려는 주제의 문제가 무엇인지, 그것이 왜 일어났는지, 그것을 나는 어떻게 해결할 것인지 이 흐름으로 문장들을 나열한다. 이것이 바로 목차가 된다. 세세하고 자세한 부분은 여러 책을 참고하면서 다시 정리해 보고 자신만의 목차 만드는 방법을 정립하는 것이 필요하다.

　다음은 1꼭지 글쓰기이다. 1꼭지 쓰는 방법은 매일 연습을 하면서 자기 식대로 써나가야 한다. 1꼭지는 소제목을 말한다. 즉, 목차에 해당한다고 도 할 수 있다. 1꼭지 쓰기의 구조는 여러 가지 유형이 있다. 처음부터 여러 구조로 쓰지 말고, 자신이 가장 만만한 구조를 모델로 정해두고 그것에 맞추어서 쓰는 것이 좋다. 그리고 그 구조가 어느 정도 적응되면, 다음에 는 다른 구조로 번갈아 가면서 쓴다. 그렇게 자신이 활용하는 구조는 점점 늘어가게 된다.

　엄마들이 1꼭지 쓰기를 시작하면서 꼭 알고 실천해야 할 부분이 있다. 누구나 책 쓰는 사람이라면, 마음에 담아두고 잊지 말아야 할 부분이다. 그것은 다음과 같다.

　첫째, 목차는 프린트해서 가지고 다닌다.

　목차 만들기 고비를 잘 넘겼다면, 다음의 순서가 1꼭지 1꼭지 써나가는 것이다. 1꼭지씩 써 내려가는데, 준비작업이 있다. 엄마들이 음식 할 때를 생각해 보자. 해 먹을 요리를 정했다면, 그것에 맞는 재료를 미리 장 봐두 는데, 이 과정이 없다면 원하는 음식을 만들기 힘들 것이다. 글쓰기도 마 찬가지이다. 미리 글감을 찾기 위해서 목차를 들고 다닌다. 들고 다니면서 한 번씩 읽는다면 머리에 각인이 된다. 그래서 목차와 관련된 경험이나 신 문, 광고의 글감을 발견하기가 더욱 쉬워진다. 나는 인생 첫 책을 쓸 때, 목차가 너덜너덜해질 때까지 들고 다닌 기억이 난다. 종이이다 보니 더욱 그렇게 되었는데, 어찌하였던 책 쓰기 완성할 때까지 목차는 꼭 몸에 지니고 다니면서 수시로 보아야 한다.

둘째, 목차를 보면서 사용할 사례와 메시지를 메모해라.

목차를 보면서 생각난 사례와 메시지는 바로 기록해 둔다. 그래서 순수하게 보기 위한 목차용 종이와 그것을 기록할 종이를 따로 준비하면 좋다. 책 쓰기를 할 때는 사례도 필요하고 메시지도 필요한데, 어느 순간 순식간에 멋진 아이디어가 생각날 때가 있다. 그럴 때는 바로 가지고 있는 목차 메모지에 메모한다. 책상에만 앉아서 머리를 쓰는 것보다 생각지도 못한 장소에서 멋진 사례와 메시지를 얻는 경우도 많다.

셋째, 자기 전에 다음 날 쓸 꼭지를 생각해라.

잠재의식 활용의 가장 좋은 시간대가 자기 직전이라고 한다. 자기 직전에 했던 생각들은, 수면 중에도 무의식이 바톤을 이어받아 계속 생각한다. 이것이 바로 잠재의식을 활용하는 것이다. 그래서 책 쓰기 할 때도 잠재의식을 100% 활용해야 한다. 다음날 쓰기 좋도록 미리 아이디어를 만드는 작업을 자기 직전에 하는 것이다. 자기 직전 간단히 목차를 읽어보고 다음 날 쓸 꼭지 제목을 생각해 본다. 간단하게 그렇게만 해도 다음날 다른 느낌을 받을 것이다. 뇌는 아주 똑똑하다. 우리의 뇌와 잠재의식을 믿고 자기 직전 쓸 꼭지 미리 생각하길 바란다.

넷째, 개요는 쓰고 시작해라.

1꼭지 쓰기 전 개요 쓰기는 필요하다. 개요 쓰기는 집짓기 전의 설계도와 같다. 처음에는 이것에 대해서 생각하지 못했다. 내가 인생 첫 책을 쓸 때 듣지 못한 것은 2가지이다. 그것은 필사와 개요 쓰기이다. 이 둘은 인생 첫 책 쓰는 사람에게 굉장히 중요한 부분이다. 엄마들은 시간이 많이 부족한 관계로 힘 빠지지 않는 기간으로 능률적으로 빠르게 써내야 한다. 그리고 2번째 책은 자신이 원하는 주제로 쓰는 것이다. 원고 하나에 너무 힘 빼면 안 된다. 개요 쓰기는 1꼭지 글을 쓸 때 옆길로 빠지지 않고 시간을 오래 소비하는 것을 예방하여 원고 쓰기의 속도를 높이게 해준다. 엄마들은 개요 쓰기를 간단하게라도 해야 한다는 것을 기억하길 바란다.

다섯째, 첫 꼭지 쓰기는 하루에 다 못쓴다고 생각해라.

인생 처음으로 하는 원고 쓰기, 원고 쓰기는 곧 1꼭지 쓰기라고 할 수 있다. 1꼭지 40개가 모여 한 권 분량의 원고가 되는 것이다. 책 한 권을 쓰려고 달려들지 마라. 1꼭지, A4 2장을 쓰려고 노력하면 책 한 권은 쓴다. 그렇게 1꼭지에 심혈을 기울여야 하고, 비록 1꼭지이지만 처음 할 때는 어렵다는 인정하자. 처음이라서 그런 것이다. 나는 인생 첫 꼭지를 쓰는 데 2박 3일 걸렸다. 하루 만에 첫 꼭지를 완성하려고 하지 말아야 한다. 마음을 비우고 첫 꼭지는 포기만 안 한다는 생각으로 자신에게 최대한 시간을 많이 주어라. 바쁜 엄마들, 마음이 급하면 첫 꼭지 쓰기 절망하고 포기할 수도 있는데, 이것만은 하지 말고 여유롭게 한다고 생각하자. 첫 꼭지 하루 만에 다 못 쓰면 어떤가? 첫 꼭지가 두 번째 꼭지를 쓰게 하고, 두 번째 꼭지가 세 번째 꼭지 쓸 실력을 높여주는데... 첫 꼭지 쓰기, 하루 만에 쓴다는 생각을 버리자.

여섯째, 꼭지 글쓰기는 시간이 지나면서 점점 좋아진다.

꼭지 글 쓸 때, 목차 1장의 첫 번째 꼭지는 제일 나중에 쓰라고 한다. 목차의 첫 번째 꼭지 글을 출판사에서 주로 많이 보기 때문에 실력을 쌓은 다음에 제일 앞 꼭지를 쓰기 위함이다. 어차피 글 쓰는 사람의 실력이니 속이는 것은 아닐 것이다. 꼭지 글은 쓰면 쓸수록 쉽고 빠르게 쓰고 읽히는 글이 된다. 1꼭지 쓰기를 평생 한다면 매일 매일 발전하게 될 것이다.

책 쓰기 방법은 여러 가지이다. 목차 없이 시작하는 작가들도 있다. 하지만 보통 목차를 만들고 꼭지 글을 쓰게 된다. 목차 만들기는 처음 하는 것일 때는 다소 어려운 감이 있다. 옆에서 도움을 받고도 5주, 6주 혹은 그 이상 걸리기도 한다. 그렇다고 혼자서 못 하는 것은 아니니, 도전하는 것은 좋다고 생각한다. 자신이 하고 싶은 말을 매력적인 문장으로 40개 정도 만들면 그것이 목차가 된다. 목차 다음이 1꼭지 글쓰기이다. 1꼭지 쓰기에서도 꼭 마음에 새기고 할 부분이 있다. 그런 부분은 책상 앞에 써 붙여놓고 매일 확인하면서 꼭지 글을 쓰면 좋을 것 같다. 무슨 일이든지 관문이 있다. 하나의 통과 의례라고 생각하자. 책 쓰기에서도 2가지 관문, 목차 만들기와 1꼭지 쓰기 기술 익히기, 이 부분에서 예외인 작가는 없을 것이다. 바쁜 엄마들이지만, 누구나 거치는 목차 만들기와 1꼭지 쓰기 그 방법을 잘 익히길 바란다. 엄마들이 책을 쓰다 보면, 육아와 책 쓰기가 묘하게 잘 맞아떨어지는 궁합이란 것을 느끼게 될 것이다.

기운 빼지 말고 목차는 멘토와 만들어라

"1일 1꼭지 쓰기"

나는 매일 1꼭지씩 쓰기로 마음먹었다. 이유는 아주 간단하다. 책 쓰기를 잘하고 싶기 때문이다. 잘하려면 무엇이든 매일 해야 한다는 믿음을 가지고 있다. 어떤 사람은 나에게 이렇게 말한다.

"개인 저서를 여러 권 내셨는데, 아직도 1꼭지 쓰기 잘하고 싶으신 거예요?"

책 쓰기를 해보니 알게 되었다. 글은 쓰면 쓸수록 잘 쓰게 된다는 것을. 남들이 알아듣기 쉽도록 내 글을 자꾸 교정한다. 쓸수록 생각이 더 작게 분류되어 명확해지고 내가 하고자 하는 말은 내가 중심이 아니라 듣는 사람을 중심으로 정리가 된다. 그래서 계속 쓰게 되고, 쓰는 것에 더 재미도 느끼게 된다.

한 가지 잊지 말 것은 매일 쓰려면 목차가 있어야 한다는 것이다. 목차

없이 쓰는 사람도 있겠지만, 그런 사람은 극소수이다. 왜냐하면, 목차는 내가 쓰고자 하는 핵심문장이자 메시지이다. 목차가 있으면 그 제목을 중심으로 생각을 펼쳐 쓰기가 더 쉬워진다. 그래서 대부분 제목을 정하고 글을 쓴다. 나는 매일 1꼭지씩 쓰기 위해 목차를 미리 만들어 두려 한다. 40개가량 소제목으로 목차를 만들어 두면 한 개씩 끄집어내서 쓰면 된다. 곳간에 곶감 빼서 먹듯이 맛나게 언제든지 쓸 수 있다.

얼마 전까지 나는 초고완성 되기 전에 다음 쓸 목차를 미리 만들어 두기가 쉽지 않아 고민했다. 왜냐하면, 목차 만드는 것이 시간이 걸리기 때문이다. 나는 인생 첫 책을 쓸 때 먼저 책을 쓴 작가님한테 도움을 받았다. 그래서 목차 만드는 데 3주의 시간이 걸렸다. 처음이라서 그렇기도 하겠지만, 누군가 도와주어도 목차 만들기는 시간이 꽤 걸리는 작업이다. 육아에 바쁜 엄마들이 육아와 목차 만들기를 함께 하기에는 쉽지 않다. 진정, 책 쓰겠다 결심한 엄마라면 목차 만들기는 멘토와 함께 하기를 나는 권한다.

나는 매일 쓰기 위해 미리 목차를 만드는 방법을 생각해 보았다. 보통 5개의 장 제목과 37~40개의 꼭지 제목으로 목차는 이루어진다. 작가들에 따라, 상황에 따라 목차는 여러 가지 방법으로 만들 수 있다. 마지막 장을 쓸 때 즈음 목차를 만들어 보았다. 한 개의 장 제목에 보통 7꼭지로 구성되었다고 했을 때, 쓰는 데 7일의 시간이 걸린다고 가정하면 마지막 장 쓰기 이전에 새로운 목차를 만들어야 한다. 왜냐하면 제목, 장 제목, 꼭지 제목까지를 일주일 만에 만들지 못하기 때문이다. 목차는 책의 중심이 되는 내용이다. 이것이 제대로 되어야 좀 더 읽히는 책, 가치 있는 책이 될 수 있다. 독자들의 가장 가려운 곳을 긁어 줄 수 있는 매력적인 목차를 만들기 위해, 일주일 이상의 시간이 더 필요하다. 그래서 새로운 방법을 고민 중이다. 현재 대략 생각한 것이, 매일 1꼭지 쓰듯이 목차도 매일 만들고 정비해야 한다는 그림을 그리고 있다.

목차를 미리 만들어야 하는 이유는 작가 자신을 위해서 필요한 것이다. 목차가 있으면 꼭지 제목을 미리 만들어 놓았다는 의미이고, 꼭지 제목이 있으면 사례와 메시지만을 찾아 A4 2장을 채우면 된다. 만약 목차가 없다면 1꼭지 쓰기가 더 어렵게 느껴진다. 목차는 가장 중요한 핵심내용이기에 어쩌면 우리가 가장 고민하는 부분이다. 그것을 미리 만들어 두었다면 중요한 작업 즉, 쓸 핵심이 정해졌기 때문에 그다음 작업은 빠르게 진행이 될 것이다. 또한 목차가 있어야 그 목차를 보고 아이디어들이 떠오른다. 과거 경험 중, 목차와 관련된 글감도 찾아서 그 부분만 들어내서 책상 위에 올려놓고 써 내려간다. 목차 자체가 아이디어를 떠오르도록 자극하는 자극제가 되는 것이다.

엄마들이 목차를 만들 때 혼자 하면 기운이 빠진다. 왜냐하면, 처음 하는 일이기 때문이다. 처음 하는 일은 생각지도 않은 변수가 많이 생긴다. 일상의 사소한 일도 처음 하는 일은 그렇다. 얼마 전 나는 인스타그램을 시작했다. 인스타그램에 대해 지금도 잘 모른다. 그런 차에 리그램을 해야할 상황이 있었다. 리그램이란, 다른 사람이 쓴 글을 그대로 나의 피드로 옮겨 오는 것이다. 리그램을 하기 위해 리포스트라는 앱을 따로 다운받아 설치해야 한다는 것을 알게 되었다. 그리고 나서도 실수 연발이었다. 다행히 지금은 리그램을 하게 되었다. 리그램 할 줄 알기까지 시간이 오래 걸렸다. 이것 하느라 1꼭지 글도 포기해야 했고, 아이들을 돌보는 일도 잠시 뒤로 미루어야 했다. 무엇보다 잠시, 정신이 혼미했고 기운도 빠졌다. 하고 보니 별것 아닌데, 처음이라서 그랬다. 목차 만들기는 더욱 시간과 에너지가 소모될 것이다. 처음 하는 일일수록 힘 조절을 잘해야 한다. 책 쓰기도 적절한 에너지 분배가 필요하다.

엄마들의 첫 책 쓰기, 목차 만들기는 멘토와 함께하라고 권하는 구체적인 이유가 있다. 그 이유는 다음과 같다.

첫째, 책 쓰기 완주를 위해 시간과 에너지를 비축해라.

엄마들은 하는 일이 많다. 아이가 태어나기 전, 혼자 있을 때는 자기중심적으로 일을 조절할 수 있다. 내가 중심이 되어 하기 싫다면 안 하고 조금 불편한 것 감수하면 된다. 하지만, 아이가 생기면 이것이 안 된다. 당장 해야 할 중요한 일이 있더라도 움직여서 먹여야 하고, 당장 아이들의 욕구를 먼저 해소해 주어야 한다. 그렇기에 엄마들은 시간과 에너지를 아껴야 한다. 책 쓰기 할 때도 최대한 시간조절, 에너지 조절을 잘해야 한다. 책 쓰기의 첫 번째 관문인 목차 만들기에서 역시 에너지가 필요하다.

멘토와 목차 만들기를 하면, 자신의 마음을 문장으로 좀 더 쉽게 만들 수 있다. 목차 자체는 자신이 하고 싶은 말인데, 이것을 만들어내지 못했기 때문에 그동안 혼자서 목차 만들기가 힘들었던 것이다. 멘토와 함께하면 내면의 것을 더욱 잘 끄집어내게 될 것이다. 속에 있는 것을 밖으로 적어가는 과정이 익숙해지고, 익힌 방법대로 목차 만들기를 할 수 있다. 이것만으로 1년 이상의 시간을 벌게 될 것이다.

둘째, 아낀 시간으로 1꼭지 더 쓰는 데 투자해라.

1꼭지 글쓰기 자체는 오로지 혼자만이 할 수 있는 일이다. 그 누구와도 함께 할 수 없다. 쓴 글에 대한 피드백을 받을 수는 있다. 이것은 홀로, 스스로 글을 쓰고 난 후의 일이다. 1꼭지 쓰기를 혼자 자기 생각으로 채워나가야 한다. 이 과정에도 처음에는 많은 에너지가 필요하다. 시간도 역시 많이 걸린다. 나는 인생 첫 꼭지 글을 쓸 때 2박 3일이란 시간이 걸렸다. 그때 힘들고 시간이 많이 걸린다고 생각했다면 또한, 1꼭지를 매번 2박 3일 걸릴 것이라는 암울한 추측을 했다면 책 쓰기를 포기하지 않았을까 싶다. 시간이 지나면서 꼭지 글쓰기는 점점 좋아진다. 실력이 향상되는 것이다. 에너지와 시간을 투자할수록 1꼭지 쓰기는 좋아진다. 목차 만들 때 멘토와 함께 만듦으로 에너지를 비축하고 1꼭지 쓰기 할 때 모든 것을 쏟아 부어 쓰기를 바란다. 초고 쓰는 기간 동안, 엄마의 역할보다 초고 쓰는 것에 집중할 수 있도록 미리 가족에게 양해도 구하자. 무엇보다, 목차 만들기할 때 아낀 에너지가 책쓰기 완주에 도움이 많이 될것이다.

혼자서 기운 빼지 말고 목차는 멘토와 만들어라. 책 쓰기 하면서 처음 하는 것이라 생소하고 힘들게 느껴지는 부분이 있다. 하지만 그것도 처음이기 때문이라는 것을 기억하자. 시간이 지나면서 점점 좋아진다. 오로지 써야 하는 1꼭지 쓰기 시간을 위해 목차 만들기에 너무 기운을 빼지 말라는 이야기를 강조하고 싶다. 멘토를 만나 목차 만들기를 하면서도 오로지 혼자만 써야 하는 1꼭지 쓰기를 준비해라. 요즘은 좋다. 생각을 조금만 바꾸면 많은 기회를 얻을 수 있다. 책 쓰기도 마찬가지이다. 돈보다는 시간을 벌겠다는 생각도 꼭 나쁜 것은 아니다. 혼자서 오랫동안 책 쓰는 것보다 조금 도움을 받는다고 편하게 생각하면 좋을 것 같다. 특히 엄마들은 하는 일이 많기에, 소를 희생하고 대를 얻었으면 하는 마음이다. 엄마들의 책 쓰기 적극적으로 추천한다. 기운 빼지 말고, 멘토와 목차 만들고 평생 책 쓰면서 자존감 높이고 성장하시길 바란다.

서론-본론-결론으로 연습해라

수홍이, 정아는 김치볶음밥을 잘 먹는다. 그래서 어느 유명 셰프의 레시피대로 초 간단, 맛난 계란 김치볶음밥을 가끔 만들어서 준다. 유명 셰프의 김치볶음밥 레시피를 간단히 설명하자면 다음과 같다. 넓은 프라이팬에 기름을 두르고, 한쪽에는 김치를 썰어 볶고, 다른 한쪽에서는 계란을 깨서 계란 스크램블을 만든다. 어느 정도 볶아서 익은 상태에서 밥을 넣고 함께 버무려 볶다가 굴 소스로 간을 하면 김치볶음밥이 완성된다. 반찬 없고 시간이 없을 때 엄마들이 쉽게 해줄 수 있는 만능 메뉴이다.

책 쓰기를 하는 엄마들에게 1꼭지 쓰기 할 때도 만능 도구가 있다. 초 간단 계란 볶음밥처럼, 이 도구만 제대로 알고 몸에 익히면 언제든지 쉽게 1꼭지인 A4 2장을 써낼 수 있다. 글쓰기 만능도구이지만 특별하지 않다. 누구나 알고 있다. 단지, 제대로 알지 못하는 것일 수 있다. 이론적으로 복잡하게 생각하면 활용하기 어렵다. 엄마들이 쉽게 1꼭지 써낼 수 있는 만능도구인 서론-본론-결론, 그 쓰는 법을 구체적으로 알아보고자 한다.

서론 쓰는 방법은 다른 것 다 접고, 간단한 경험 이야기를 하나 골라서 쓴다고 생각하면 된다. 보통 1꼭지 쓸 때 사례와 메시지가 필요하다. 사례는 자신의 과거나 최근 경험이고 메시지는 쓴 사례와 관련해서 하고 싶은 자신의 주장이다. 이 두 가지만 있으면 1꼭지 써낸다. 사례는 일단 찾아야 한다. 외부에서 찾지 말고, 엄마들 내부에서 찾으면 된다. 이미 그동안 살아온 이야기들이 차고도 넘친다. 조용히 앉아서 자신의 경험을 되뇌어 보면 수많은 이야기 즉, 사례들을 건져낼 수 있다. 이때, 고르는 경험 중에서 기준은 꼭지 제목의 키워드가 된다. 키워드를 정하고 그것을 기준으로 현실과 가까운 이야기부터 훑어서 과거로 가서 사례를 찾는다.

사례는 최근 경험일수록 쓰기가 쉽다. 왜냐하면, 기억이 생생하기 때문이다. 그래서 현재를 시점으로 최근 경험부터 찾는다. 이 꼭지 제목에서 서론 부분에 유명 셰프의 계란 김치볶음밥을 나는 생각했다. 만능이란 용어에 쉬우면서 금방 할 수 있는 요리인 김치볶음밥을 생각해낸 것이다. 이렇게 꼭지 제목에 나오는 키워드를 가지고 최근 나의 경험 이야기를 찾아서 그것을 적어주면 된다. 김치볶음밥을 이야기하면서 1꼭지 글쓰기의 만능도구인 서론-본론-결론을 언급했다. 그리고 본론 부분인 여기에서 이것을 풀어내고 있다. 서론은 자신의 소소한 일상 경험 이야기를 하나 적어주고, 1 문단을 더 만들어 그 경험의 의미를 적을 수 있는데 이때는 본론에 쓸 내용을 암시하면서 쓰면 된다. 경험 이야기 자체만으로 즉, 1 문단으로 서론을 끝낼 수도 있다.

서론을 쓸 때 주의할 점은 가볍게 쓰라는 것이다. 진짜 이야기는 본론에서 푼다. 서론은 본론에 쓸 내용에 대해서 자신의 경험 이야기로 무겁지 않게 시작하면 된다. 우리가 말을 할 때도 본론에 들어가기 전에 서론에서는 간단히 이야기한다. 예를 들어 남편에게 일찍 들어오라고 말을 한다고 했을 때, '오늘은 일찍 들어와요. 아이들이 오늘 아빠와 함께하고 싶은 것이 있는 모양이야. 당신이 출근을 빨리하니 대신 이야기해요. 오늘 빨리 오세요.'라고 이야기한다. 본론에서 말하는 주 내용이 다 들어가게 된다. 서론에서 핵심적인 이야기를 하고 이해하기 쉽도록 본론에서 다시 자세히 설명하듯이, 1꼭지의 서론 쓰기도 핵심에 관련된 이야기를 쓰고 핵심을 간단히 언급해주면 된다. 그리고 본론에서 서론의 핵심을 풀어 간다. 서론을 결론처럼 무겁게 쓰지 말고, 가볍게 본론에서 쓸 내용을 암시하며 가볍게 쓰는 것이다.

서론은 자신의 경험 이야기로 쓴다는 것 기억하자. 경험 이야기로 쓰는 것이 읽는 입장에서 가장 부담이 적고 쓰는 입장에서도 쉽다. 자신의 이야기이니 꼭지 제목과 관련된 일을 선택해서 적어주고 1문단은 추가해도 되고, 그냥 그것으로 마쳐도 된다.

본론은 사례 2개와 그것의 의미 2개로 채운다고 생각하자. 역시 본론에서도 사례가 많은 부분을 차지하는데, 이때도 두 사례 중 한 사례를 자신의 경험 이야기로 쓰고 한 사례는 외부에서 찾으면 가장 무난하다. 외부사례는 책의 내용도 좋고 다른 사람의 이야기, TV 내용, 신문내용, 광고내용 등 어느 곳에서나 그 이야기들을 가지고 올 수 있다. 이때 쓰는 순서는 외부의 사례를 먼저 적어준다. 결론 직전의 본론 사례나 메시지는 자신이 직접 경험한 이야기를 적어준다. 그래야 결론으로 자연스럽게 넘어가 자신의 주장을 하면서 글을 마무리 지을 수 있다. 결론도 그 꼭지제목에서 최종적으로 강조하고 싶은 자신의 주장이다. 최종, 마지막에 더 강조하고 싶은 자신의 메시지인 것이다. 본론의 마지막 사례가 자신의 경험 이야기이면, 결론에서 자신의 메시지가 더욱 자연스럽게 느껴진다.

사례 2개를 찾아서 쓰는데 이때, 둘 다 자신의 경험 이야기도 된다. 요즘은 에세이식 자기계발서인 경우가 대부분이기에 자신의 이야기로 사례 2개를 다 넣어도 괜찮다. 특히, 첫 책이라면 자신의 경험으로 두 사례를 채워도 된다. 첫 책일 때는 자신의 이야기를 가져다가 쓰는 것이 독자에게는 작가의 경험과 노하우를 자세히 알 수 있는 기회가 되기 때문에 읽을 만한 가치가 있는 책이 된다. 지금 내가 쓰고 있는 방법은 사례보다는 설명식이 강한데, 이렇게 쓰면 읽는 입장에서도 좀 딱딱하게 느껴질 수 있다. 쓰는 입장에서도 경험 이야기를 쓰는 것보다 힘이 든다. 하지만 모든 꼭지를 똑같이 쓸 필요는 없고, 때론 설명식 위주로 1꼭지를 채워야 할 때도 있는 것이다.

사례를 찾는 것이 일이다. 사실 사례 찾는 것이 생각을 많이 하게 되는 원인이다. 책을 쓸 때 꼭 필요한 것 2가지가 있다고 한다면, 사례와 메시지이다. 1차 메시지는 목차로 만들었고 2차 메시지는 꼭지 제목을 제목으로 생각해서 또다시 세부 메시지를 생각해야 한다. 그것은 개요 쓰기를 하면서 만든다. 보통 문장으로 만들고 그 문장 안에 들어갈 사례를 찾는다. 1꼭지 글을 쓰다 보니 중요한 것은 본론이란 사실을 알게 되었다. 그래서 개요 쓰기 할 때도 본론부터 정하고 서론과 결론을 정한다. 1꼭지 쓰기 할 때 사실, 본론과 서론의 개요 쓰기만 준비하면 그 꼭지는 빠르게 쓸 수 있다. 꼭지 제목과 관련된 본론 내용, 즉, 메시지와 사례 정하고 그리고 서론을 정하는데, 서론은 나의 일상에서 가볍게 꼭지 제목과 관련된 것을 찾는다. 서론을 가볍게 쓰면 읽기의 진입장벽을 낮출 수 있다. 본론 사례들은 목차를 가지고 다니면서 생각날 때 미리 메모를 하는 것도 방법이다. 특히 직장 맘일 경우 낮에는 사례와 메시지를 찾는 일 즉, 개요 쓰기를 구상하고, 퇴근 후 저녁이나 새벽에 1꼭지 쓰는 방법으로 책 쓰기를 마무리 할 수 있다.

결론은 서론과 본론에 비해서 쓰기가 부담이 덜 된다. 물론 사람마다 차이는 있지만 쓰다 보면 그렇다는 것을 느끼게 된다. 결론은 꼭지 제목을 보고 쓰면 된다. 꼭지 제목과 자연스럽게 연결되게 하면 결론은 무난하다. 첫 문장에는 꼭지 제목을 그대로 가지고 와서 풀어나가도 된다. 아니면 같은 의미의 다른 표현으로 결론의 첫 문장을 쓰고 중간 부분은 앞에 쓴 내용, 즉 본론에 쓴 내용을 다시 정리하듯이 가지고 와도 된다. 그렇게 해서 결론의 마지막 문장은 첫 문장의 내용을 다른 표현으로 다시 임팩트 있게 마음에 남도록 짧은 문장으로 적어 준다. 1문단 혹은 2문단으로 써도 되지만 주로 1문단으로 결론을 쓴다.

엄마들은 매일 요리를 하기 때문에 나름의 만능 도구들이 있다. 만능 레시피부터 시작해서 만능 양념장이라든지, 기타 등등, 이런 것들은 빠르면서 맛나게 해내는 요리의 노하우이다. 1꼭지 쓰기에서 만능도구는 서론-본론-결론 도구라 할 수 있다. 이 도구로 내가 원하는 대로 글의 길이를 조정할 수도 있다. 그야말로, A4 2장이 이 도구로 인해 쉽게 채워질 것이다. 그전에 숙달 시간이 필요하다. 처음에 드는 초기비용이라고 생각하자. 이 비용을 지불하면, 그다음에 연습하면서 익히고 쓰면서 나의 것이 소화하면 된다. 평상시 머리로도 서론-본론-결론에 대해 연습하는 것을 권한다. 만능도구인 서론-본론-결론에 익숙해질수록 1꼭지 쓰기는 만만해지고 책 1권 쓰기 역시, 어렵지 않게 된다.

사례 문단+사례 의미 문단이 쓰기의 가장 기본이다

1꼭지 즉, A4 2장을 쓰는 가장 기본이 되는 형식이 사례 문단+사례 의미 문단이다. 어쩌면 서론-본론-결론 보다 더 기초가 된다. 이것만 제대로 이해했다면 1꼭지 쓰기는 완성. 1꼭지 쓰기 완성하고, 이것이 37개 모인다면 초고 쓰기도 완성이 된다. 1꼭지 쓰는 방법으로 서론-본론-결론이 큰 도구라면 사례 문단-사례 의미 문단은 작은 도구라 할 수 있겠다.

나는 아침마다 네빌 고다드의 책을 읽고 인스타그램에 글을 올린다. 우연한 기회에 인스타그램을 하게 되었고, 시작한 지는 얼마 되지 않았다. 요즘 젊은 사람치고 인스타그램을 안 하는 사람이 없다고 한다. 나는 인스타그램을 하기 전에는 블로그 활동을 나름 열심히 했다. 블로그 활동은 지금은 조금 뜸하지만, 그래도 여전히 하고 있다. 인스타그램과 블로그, 이 2가지를 비교해 봤을 때 블로그는 긴 글 위주로 올리는 것이고, 인스타그램은 요즘 시대의 분위기 맞게 사진과 동영상 위주로 짧은 글을 주로 올린다. 사람들의 반응도 빠르고, 짧은 시간에 많은 것을 나누고 공유할 수 있는 장점이 있다. 인스타그램에 꾸준히 올리는 나의 글은 네빌 고다드의 책을 읽고 감상한 글이다. 독서는 항상 하는 것이기에 인스타그램에 매일 올리기에 책만큼 편하고 좋은 재료도 없다. 책을 읽고 그 감상을 적는데, 책의 문구가 바로 사례에 해당하고 그것에 대한 감상이 바로 사례에 대한 나의 의미부여 문단이 된다. 오늘 아침에 올린 내용을 그대로 올려보겠다.

"지금 여러분은 어떤 소원을 갖고 있나요?
그것이 무엇이더라도 그 소망이 성취된 느낌을 고집하십시오.
그렇게 한다면 느낌은 믿음이 될 겁니다."

성취된 느낌을 가지고 확신하세요.
지금 열심히 하고 있는
바라는 것이 현실이 될 것이란 확신이 없으신가요?
확신이 있어야
밀고 나가는 힘이 생깁니다.
그리고 실천하면서 행복해집니다.
왜냐하면 조만간
바라는 것이 현실이 될 테니까요.
그래서 확신이 중요합니다.
이것은 자신에 대한 믿음,
원하는 것이 달성되는 믿음입니다.

매일 느껴보세요.

느낌이 확신의 열쇠입니다.

책 쓰기 완성도 확신하세요.

사업도 확신하세요.

윈윈 인간관계도 확신하세요.

확신 가운데

바라는 바를 꾸준히 실천하는 하루 되시길 바랍니다.

네빌 고다드의 《네빌 고다드 라디오 강의》에 나오는 한 구절을 읽고 나서 느낀 점을 쓴 글이다. 책의 문구가 하나의 사례가 되고 사례의미는 나의 느낌이나 감상, 메시지에 해당한다.

사례는 책의 내용뿐만이 아니라 나의 경험도 하나의 사례가 된다. 읽은 책의 멋진 문구를 사례로 올리고 그것에 대한 나의 감상을 적어 내려가듯이, 내 경험의 한 부분을 찾아내어 그것에 대해서 적어 내려가는 것도 하나의 사례이다. 책의 사례는 주로 멋진 문구 위주가 된다고 한다면, 나의 경험 이야기는 꼭 그렇지 않더라도 나의 꼭지 제목에 맞는다면 1꼭지 글의 사례로 가지고 올 수 있다. 1꼭지 글에서 사례 문단+사례 의미 문단에 해당하지 않는 곳이 없다. 서론부터도 이 구조로 하면 된다. 간단히 나의 경험이나 소소한 일상을 사례로 먼저 이야기하고, 본론에 쓸 내용과 관련 있는 사례 의미를 적어주어 사례 문단+사례 의미 문단 구조로 만들어 쓸 수 있다. 본론도 마찬가지이다. 사례 문단+사례 의미 문단 세트가 2개 들어간다. 그래서 나는 사례 문단1+사례 의미 문단1과 사례 문단2+사례 의미 문단2라고 이름 붙여서 명확하게 인지될 수 있도록 한다.

1꼭지 글을 써야 한다면, 평상시 세상을 사례로 보는 시각을 가져보도록 해보자. 나의 경험도 하나의 사례처럼 느끼게 되는 것이다. 나의 일상 어느 부분이 꼭지 제목에 적합한 사례라고 생각한다면, 그것을 떼어내어서 글을 쓰는 것이다. 서론, 본론, 결론 속에서는 다 이렇게 쓰면 된다. 그 사례를 생각해내는 연습을 하다 보면 익숙해진다. 이렇게 하다 보면, 좋은 점이 있다. 만약 힘든 일이 있더라도, 그 일을 객관적으로 볼 수 있다는 것이다. 그 힘든 일도 사례로서 나의 삶에서 떼어내 글로 적는 것이다. 그런 글쓰기 과정이 세상살이의 힘듦을 글이라는 차원으로 승화시켜, 힘든 그 일에 매몰되지 않고 좀 더 잘 극복할 수 있게 한다. 이것이 글의 힘이라고 할 수 있겠다. 나의 삶을 객관적으로, 제3의 눈으로 바라보는 연습을 통해서 사례도 찾아 글을 쓰고 삶도 좀 더 쉽게 풀어갈 수 있게 되는 것이다.

1꼭지 글 쓰는 것은 시루떡처럼 쓰면 된다. 사례 한 문단 그리고 사례 의미 한 문단으로 겹겹이 쓰면 되기 때문에 꼭 그 생김새가 시루떡과 같다. 시루떡 만드는 것을 봤는가? 쌀을 곱게 갈아서 틀에 쌀 한 바가지 넣고, 쫙 펴서 그 다음에 삶은 팥을 솔솔 뿌려 깐다. 그리고 다시 쌀가루 한 바가지, 팥 한 움큼, 그렇게 겹겹이 시루떡을 만든다. 1꼭지 글쓰기도 바로 그런 방식이다. 사례 문단 하나, 사례 의미 문단 하나, 또 사례 문단 하나, 사례 의미 문단 하나. 이것을 머리에 담아두고 글을 쓰다가 막히는 곳이 있더라도 다음에 사례 문단 쓰고 사례 의미 문단을 넣는다면, 금방 1꼭지 글을 마무리하게 될 것이다. 초보 엄마들에게 글쓰기도 초보인 엄마들이 대부분일 것이다. 1꼭지, A4 2장을 채우는 자체도 처음에는 부담될 수 있는데, 1꼭지 쓰기를 시루떡 만든다는 생각으로 쓴다면 부담을 확 내려

놓을 수 있을 것이라 생각한다. 멘탈을 어떻게 관리하느냐가 새로운 도전에 있어서는 중요하다. 1꼭지 글쓰기는 시루떡 만들 듯 사례와 사례 의미를 교대로 쓴다는 것을 기억하자.

1꼭지 글을 쓸 줄 알면 초고는 완성한다. 1꼭지, A4 2장 채우기가 어렵게 느껴지는데 너무 복잡하게 생각해서 그럴 수 있다. 크게는 서론−본론−결론 구조로 쓰되, 그 틀 안에서 사례 문단+사례 의미 문단을 한 쌍으로 여기고 한 쌍씩 채운다고 생각하자. 즉, 서론에 1쌍, 본론에 2쌍으로 사례 문단+사례 의미 문단을 채우면 된다. 사례라면, 읽은 책도 되고 어느 날 본 신문의 특별하거나 감동적인 내용도 된다. 또한 평범한 일상적인 경험들도 해당한다. 인생 첫 책일 때는 자신의 경험 이야기를 사례로 모두 사용해도 된다. 그래서 엄마들의 삶, 내가 살아온 엄마로서의 삶을 사례로 가져오면 된다. 그리고 그 사례에 대한 나의 감상을 적자. 이때 이 감상은 나의 메시지인 꼭지 제목과 연관되게 쓴다. 서론−본론−결론보다 덜 복잡한 사례 문단 +사례 의미 문단으로 1꼭지 채운다는 생각으로 엄마들이 시작하길 바란다. 1꼭지 쓰기 안 해봐서 미리 걱정하는 것이다. 가장 기본적인 구조인 사례 문단+사례 의미 문단으로 겹겹이 A4 2장을 채운다면, 금방 실력이 쑥쑥 늘 것이라 판단한다. 엄마들의 1꼭지 쓰기 응원한다.

책이기에 더욱 그렇다. 왜냐하면, 한 사람의 인생 경험과 노하우들은 비록 그 사람이 유명한 전문가가 아니고 성공한 사람이 아닐지라도, 충분한 가치와 의미가 있기 때문이다. 우리는 자신의 그동안의 삶에 대해서 너무 잘 모른다. 특별히 가치를 찾을 게 없다고 생각한다. 하지만, 아니다. 가치는 충분하지만 훈련이 없었었기에 그것을 끄집어내서 적는 기술이 부족할 뿐이다. 책 쓰기 방법을 익혀 조금 노력한다면, 충분히 자신의 삶으로 가치와 깨달음을 주는 책을 쓸 수 있다. 그래서 나는 자신의 이야기로 인생 첫 책을 쓰라고 강조한다.

내가 이렇게 이야기하는 이유는 엄마 자신의 이야기가 아무래도 쓰기 쉽기 때문이다. 일반적으로 사람들이 이야기하는 것을 상상해 보자. 자신이 겪은 경험을 말할 때는 눈에 광채를 띠면서 얼굴에 생기까지 돈다. 그만큼 마음을 다해서 열정적으로 말한다. 이것은 자신이 직접 경험한 이야기이기 때문이다. 이럴 때 상대방은 이야기하는 그 사람의 에너지를 느끼게 된다. 좋은 영향을 받는다. 그래, 이 사람은 이렇게 해서 건강을 되찾았구나, 그래 이 사람은 이렇게 힘들게 살다가 위기를 극복했구나 하며 그 사람으로부터 동기부여 받는다. 글쓰기도 마찬가지이다. 자신의 이야기를 쓸 때 자신의 말을 할 때랑 똑같은 열정으로 쓰게 된다. 쓸 때도 시간 가는 줄 모르고 몰입해서 쓴다. 자신의 경험이 세세하게 소환되면, 그것들을 그냥 자판으로 두드리기만 하면 된다. 얼마나 쉬운 일인가? 머리를 짜내면서 쓰는 것이 아니다. 다른 사람의 이야기를 소화해서 나의 말로 만들어 써내는 것보다 얼마나 편한지 모른다. 인생 첫 책을 쓰는 사람은 이렇게 책을 써야 한다. 자신 내부의 수많은 경험들을 활용해서 쓰면 된다. 1꼭지, A4 2장을 이렇게 자신의 이야기로 써내려가는 것이다.

인생 첫 책을 쓸 때 엄마 자신의 이야기로 다 적어도 된다. 솔직히 고백하겠다. 나는 내 인생 첫 책을 쓸 때, 다른 사람이 쓴 책의 이야기를 많이 넣었다. 대략 20권 넘게 다른 책의 좋은 문구들을 찾아 각색해서 적었던 것으로 기억한다. 하지만, 그 이후에는 나의 경험한 이야기로 책들을 쓰고 있다. 그래서 현재 공저 하나까지 총 8권을 출간했다. 그리고 조만간 책 쓰기에 대한 주제도 더 출간 예정이다. 이렇게 짧은 기간 여러 권의 책을 써 보니 알겠다. 진짜 술술 읽히는 가치있는 책들은 작가의 솔직하고 진솔한 삶을 적은 글이라는 것이다. 옆집 아줌마한테 대화하듯, 담담하게 꾸밈없이 써 놓은 글이라는 것을 깨닫게 되었다. 나부터 그렇다. 거창한 유명 작가의 명언보다는 그 작가의 소소한 일상과 그 일상과 관련된 작지만 깊이가 있는 메시지가 더 와 닿을 때가 많다. 그래서 자신의 메시지로 책을 채우라고 이야기한다. 자신의 이야기로 사례와 메시지를 채워야 하는 이유를 다시 한번 짚어 보면 다음과 같다.

1. 사례를 쉽게 찾는다.
2. 실제 경험에서 가치 있는 메시지를 뽑아내서 쓴다.
3. 사례를 세세하게 기억하고 쓴다.
4. 쓰기가 수월하다.
5. 글이 생동감이 있다.
6. 글이 리얼하고 재미있다.
7. 나의 이야기이기 때문에 길게도 짧게도 조절이 된다.
8. A4 2장을 빠르게 채울 수 있다.
9. 쓰는 사람과 읽는 사람이 동시에 만족스럽다.

엄마들이 특히 생소하게 생각하는 것이 책 쓰기이다. 왜냐하면, 아이만 키우기도 벅찼다. 하지만, 그랬기에 책 쓰기로 엄마들이 여유를 가져야 한다고 말하고 싶다. 책에는 엄마들이 필요한 많은 것들이 있다. 제대로 공부하기 위해서 책 쓰기에도 도전하길 권한다. 엄마들의 책 쓰기, 인생 첫 책 쓰기 할 때 자신의 이야기로 다 채우는 것이 필요하다. 다른 책의 명언을 사례로 가지고 와 거창하게 쓰지 않아도 된다. 소소하게 자신이 겪은 이야기를 쓰면 그것이 더 큰 감동이고 동기부여이다. 엄마들도 쉽게 쓸 수 있다. 왜냐하면 자신의 이야기이기 때문에 처음에는 기억이 안 날 것 같지만, 쓰다 보면 세세한 것까지 기억이 난다. 그러니 감정을 실어 쓸 수 있어 리얼하고 재미있는 글이 된다. 책 쓰는 엄마들이 자신의 사례로 써야 하는 첫째 이유는 쓰기가 좀 더 쉽다는 점, 그러면서 독자들에게 감동을 줄 수 있다는 점, 잊지 말고 과감히 나의 이야기로 A4 2장씩 채워 나가자. 옆집 아줌마와 수다를 떨듯이, 자신감 있게 나의 경험과 노하우를 쓰길 바란다.

제4장

엄마들의 책 쓰기, 요것만은 꼭~! 실천하기

나도 작가라고 먼저 받아들여라

내 나이 42세에 4.2kg의 아이를 낳았다. 늦은 출산인데 아이도 컸다. 아이를 낳기 전부터 의사 선생님은 아이의 머리가 크니 무조건 수술을 해야 한다고 했다. 나는 그 말을 그대로 따르기로 했다. 몸무게는 많이 늘지 않았지만 출산일이 다가오자 몸이 점점 힘들어졌다. 직장을 다니고 있어서 더욱 힘들게 느껴진 듯하다. 아침에 출근할 때는 움직이기가 힘들었다. 하루라도 빨리 아이를 낳고 싶어졌다.

그 당시 나는 눈에 보이지 않는 것들을 잘 믿지 않는 사람이었다. 철저히 현실주의적 사고의 소유자였다. 하지만, 아이 낳는 날은 철학원에 가서 물어보고 좋은 날을 잡기로 했다. 현실주의자인 나이지만 가끔 재미로 철학원을 갔었는데 그때마다 말하는 생년월일, 평생 따라다니는 태어난 날과 시간을 좋은 것으로 아이에게 선물해 주고 싶었다. 단순하게 그런 의미로 아이 낳는 날을 잡았다. 의사 선생님도 흔쾌히 승낙을 해주셔서 정해진

날에 시간 맞추어 병원으로 오라고 하셨다. 아이를 낳기 전날, 나는 행복했다. 당장 힘드니, 아이가 태어나면 몸이 좀 가벼워질 것이란 생각에 행복했다. 10개월간의 감옥에서 풀려나는 듯한 느낌이었다. 참 철없는 엄마의 생각이다. 첫 아이다 보니, 엄마로서의 정체성이 부족했었다.

분만 당일, 나는 수액을 들고 손을 흔들며 웃으면서 수술실로 들어갔다. 남편은 그 당시를 회상하며 '웃으면서 수술실 들어가는 사람은 세상에 당신밖에 없었을 거야.'라고 말한다. 수술하고, 병실로 옮겨져 꼼짝 못 하고 누워 있었다. 그렇게 꼼짝없이 1주일 이상 고생했다. 앞 침대의 산모는 자연 분만을 해서 그런지, 당일 움직이고 미역국도 바로 먹었다. 분만 수술과 자연 분만은 먼저 아프냐, 나중에 아프냐의 차이구나 생각하면서 병실에서 그 산모를 부러워했다.

이상한 것은 아이가 보고 싶다는 생각을 하지 않았다는 것이다. 1주일이 지나도 아이를 보고 싶다는 생각이 없이, 내 몸 추스르기 바빴다. 남편은 내가 아이를 찾지 않는 것을 보고 아이 보고 싶지 않으냐고 물었다. '아니야, 지금은 아니야.'라고 대답했는데, 남편의 의아해하면서 걱정스런 표정이 지금도 기억이 난다. 시간이 지나고, 아이를 한 번씩 안아보면서 아이가 점점 내 머리에 저장되었다. 배 속에 있을 때는 내가 따로 해주는 것이 없었다. 내 몸이 곧 아이였기에 내가 좋은 것 먹고, 잘 쉬고, 책 읽고 하면서 내가 좋으면 아이도 자연스럽게 좋은 것이다. 하지만 태어난 이후에는 내가 시간을 내서 아이를 돌보고, 먹이고, 입혀야 한다. 이 사실을 받아들이는 데 시간이 필요했다. 엄마 자신도 처음부터 엄마라고 느끼는 것이 아니었다. 나와 분리된 아이를 받아들이면서 엄마라고 인지하고 점점 엄마의 마음을 가지며 엄마의 역할을 하게 된다. 그렇게 진짜 엄마가 되어가

매일 읽고 쓰는 것을 하다 보면, 작가가 된다. 책 쓰기의 방법을 조금만 배우고 필사를 통해서 실습으로 체화한다면, 매일 읽고 쓰는 것이 가능하다. 아이들을 운동 보내놓고, 읽고 쓴다. 아이들이 친구 집에 놀러 갔을 때 필사하고 내 글도 쓴다. 이런 시간이 모여 1꼭지, 1꼭지 글들이 모여 40꼭지 전후를 채우면 초고가 완성된다. 초고완성은 퇴고를 할 수 있다는 말이고 퇴고를 하고 있다는 것은 곧 투고하고 계약을 한다는 이야기이다. 계약의 담이 높을지라도, 방법은 다 있게 마련이다. 초고가 되면, 책은 무조건 나오게 되었다. 그리고 버킷리스트로만 존재한 작가의 꿈이 현실이 된다. 마음으로 먼저 작가라 받아들였기 때문에 가능했다.

다섯째, 매일 책 쓰는 작가의 삶을 산다.

매일 쓰면서 매일 성장한다. 작가의 삶이란 것의 가장 큰 가치는 돈 들이지 않고, 제대로 성장한다는 것이다. 과거 새벽 영어학원을 다닌 적 있다. 영어 정복이라는 원대한 목표를 세우고, 새벽잠을 설쳐가면서 버스를 타고 학원을 갔다. 공부하는 시간은 1시간, 총 투자하는 시간이 2시간 이상, 그 투자하는 시간은 결국 지금 보니 시간 낭비였다. 쉽게 꾸준히 할 수 있는 성장의 방법이 있어야 한다. 그 방법은 쉽게 하면서 하루도 빠지지 않고 할 수 있는데 바로 작가의 삶의 방식이다. 매일 읽고 쓰는 작가의 삶, 꼭 나의 삶으로 만들자.

여섯째, 작가의 삶은 인생 혁명으로 가는 삶이다.

앞의 남아 있는 인생을 생각할 때, 설레는 마음이 든다. 이런 마음은 그동안 없었다. 설레는 마음의 이유는 다름 아닌, 발전이다. 나의 삶이 읽고 쓰는 작가의 삶을 살면서 계속 변화되어 가고, 이것이 바로 인생 혁명을 가져다주는 것이란 확신이 있다. 엄마들의 삶, 시간이 지나면 아이들은 커서 엄마의 보살핌이 줄어든다. 아이들이 언제까지 아이이지는 않는다는 것이다. 그럴 때를 위해서도 엄마들은 읽고 쓰는 작가의 삶을 만들어가야 한다. 아이를 위해서도 엄마 자신을 위해서도 필요하다.

나는 작가라고 먼저 받아들이자. 받아들이는 것이 어려울 수도 있지만 그렇게 해야 한다. 꼭 작가가 되고 싶고 나의 책을 출간하겠다는 목표를 세웠다면, 스스로 작가라고 생각하는 것부터 하는 것이다. 그런 생각이 출간을 앞당기고 진짜 작가가 되도록 만들어준다. 반대로, 마음에서 받아들이지 않은 것이 현실에 나타나더라도 단발성에 그치는 경우가 있다. 한 권의 책을 출간한 후 2번째 책을 출간하지 못하는 사람의 이유는 작가라는 정체성이 자신의 머리와 마음에 완전히 들어서지 못했기 때문이다. 마음에서 작가라 받아들인다면 실제 작가가 되기 전이라도 작가가 되어가는 것이 확실함에 반해, 실제 작가가 되었음에도 마음에서 받아들이지 못한다면 작가의 삶을 살지 못하게 되는 것이다. 나의 소중한 삶, 내가 원하는 대로 만들어야 한다. 마음으로 받아들이기만 한다면, 그렇게 될 것이다. 원하는 것, 쉽게 얻고 현실에서 즐길 방법은 바로 마음으로 먼저 받아들이는 것이란 것을 깨닫기를 바란다. 나는 엄마들에게 다음과 같이 강조한다.

"엄마들이여, 당신은 이미 작가입니다."

쓰기 위한 읽기는 자투리 시간을 활용해라

"도저히 글감이 생각나지 않아."

글감이라고 하면, 사례와 메시지가 되겠다. 책이 되는 기본인 1꼭지 글을 쓰기 위해서는 2가지가 필요하다. 하나는 메시지이고, 또 하나는 사례이다. 꼭지 제목을 보고 이 2가지를 떠올려야 보아야 한다. 어떤 꼭지 제목은 바로 글감이 생각난다. 이 꼭지 제목에는 이런 말을 쓸 거야, 그리고 사례는 이것으로 넣자, 대충 감이 온다. 하지만 감이 안 오는 꼭지 제목이 있다. 이럴 때 나는 나만의 해결법이 있다.

글감이 생각나지 않을 때 하는 나의 방법은 좀 묵혀두는 것이다. 묵혀두는 동안에도 나의 뇌는 글감을 찾기 위해 작동한다. 최소 하루 이틀 시간을 갖는다. 그 꼭지는 조금 나중에 쓴다고 생각한다. 그렇게 똑똑한 뇌를 믿고 기다리면 이틀 만에 글감을 찾고 그 꼭지 글을 써낸다. 하지만 묵혀도 글감이 생각나지 않을 때도 있다. 그럴 때는 책에서 글감을 찾아본다. 꼭지 제목의 키워드와 관련된 책들을 다양하게 찾아본다. 우선 온라인 서점에서 키워드를 치고, 나오는 책 제목 중에서 마음에 끌리는 것을 열어본다. 그리고 대충 목차부터 시작해서, 여러 서평을 읽어보고 필요하다 싶으면 구매를 하거나 도서관에서 그 책을 검색하여 대여한다. 이렇게 다시 한번 더 읽어본다. 시간이 좀 걸리더라도 그 방법이 유용하다. 사실 꼭지 글 쓰는 것은 순서를 따지지 않아도 된다. 같은 장 제목 내에 있는 여러 꼭지 제목은 순서를 바꾸어 써도 크게 상관이 없다. 이렇게 책에서 글감을 찾는 것은 모든 작가가 즐겨 하는 방법일 것이다. 책 외에 다양한 곳에서 글감을 얻을 수 있지만, 책이 그래도 가장 무난하고 쉽게 글감을 찾을 수 있는 방법이다.

나는 인생 첫 책을 쓰는 사람이라면, 자신의 경험에서 사례를 모두 찾는 것이 가장 좋다고 이야기한다. 엄마의 책 쓰기도 마찬가지이다. 엄마들이 책을 쓸 때도 엄마들 자신의 경험에서 사례를 찾길 권한다. 첫 책이라면 누구나 자신의 경험으로 글을 써야 한다. 이렇게 강조한 이유는 앞에서 자세히 이야기했다. 그래도 한 번 더 이야기해 보자면, 가장 큰 이유가 1꼭지 글쓰기가 수월하다는 것이다. 책을 어렵게 쓰면 읽는 사람은 더 어려워한다. 자신의 경험이 사례이기 때문에 구체적이고 상세하게 쓴다. 그때 느낀 감정까지 리얼하게 표현할 수 있다. 그렇게 해도 사례를 못 찾을 경우에만 책을 찾아 읽는 것이다. 바닥에 떨어져 있는 돈다발을 줍듯이, 책에서 쓸 글감들을 주워 담으면 된다. 책에서 글감 줍기는 자신 내부에서 글감 찾기 다음으로 많이 하는 글감 찾는 방법이다.

책에서 글감을 찾기 위한 읽기는 자투리 시간을 이용해도 된다. 엄마들의 책 쓰기는 시간 확보가 관건이다. 엄마의 역할을 하면서 중간중간 책을 써야 하기 때문이다. 나는 주로 새벽 시간과 아침 시간을 사용한다. 아이들이 일어나기 전 시간이 엄마들에게는 책 쓰기에 가장 좋은 시간이다. 그리고 가장 개운한 몸 상태이기 때문에 집중도가 좋다. 낮에는 할 일들이 많아진다. 책만 쓰고 있을 수가 없다. 아이들이 학교에서 돌아오기 전에 일들을 마쳐야 한다. 그래서 쓰는 것이 아닌 읽는 것은 그사이 틈틈이 하면서 메모를 해둔다. 만약 직장인이라면 역시 마찬가지이다. 글감을 찾는 것은 자투리 시간에 하고 직접 글을 쓰는 것은 자신만의 시간, 새벽이나 아침, 또는 기타 시간에 한다면 주중에 1꼭지~2꼭지는 무난히 쓸 수 있을 것이다.

책을 읽고 글감을 찾는 것은 자신의 사례나 메시지를 찾지 못했을 때이다. 자신의 사례나 메시지가 있는데 굳이 책에서 찾지 말기를 나는 강조하고 싶다. 인생 첫 책일 때는 오로지 자신의 경험 사례로만 다 쓰기를 바란다. 사실 이것이 지켜지기 쉽지 않다. 왜냐하면 첫 책이지만, 첫 책이기에 욕심이 생기기 때문이다. 다른 책의 유명 전문가들의 연구 자료나 명언들을 넣어야만 내 첫 책이 더 있어 보이고, 더 인정받을 것 같은 느낌이 든다. 하지만, 꼭 그렇지만 않다는 사실을 명심하면 좋겠다. 내 인생 첫 책이 다른 사람의 자료나 명언으로 인정받는 것은 아니다. 나만의 경험과 메시지로 인정을 받는 것이다. 달필이 아니더라도 괜찮다. 나만이 할 수 있는 사례나 메시지라면 유명한 전문가들의 자료나 명언보다 더욱 가치 있고 흥미로워진다.

엄마들이 바쁘지만, 그 중간중간 자투리 시간은 많다. 아이들 병원 대기 시간은 자투리 시간으로써 최고이다. 왜냐하면 대기시간이 길고, 푹신한 의자나 소파도 있다. 조금 소음이 있긴 하지만, 아이들 병원 진료도 하면서 책도 읽을 수 있다. 그렇다고 일부러 병원을 갈 수는 없는 일이고, 자투리 시간 안 가져도 좋으니 아이가 건강하길 바란다. 또 다른 자투리 시간은 식사를 준비하면서이다. 밥을 하고 반찬을 만드는 중간에도 자투리 시간은 있다. 그럴 때도 읽는다. 생활 곳곳에 자투리 시간은 널려 있다.

《나는 성장하는 엄마입니다》 공저를 함께 쓴 우희경 작가의 유튜브를 봤다. 우희경 작가는 3살, 5살 남자아이 둘을 키우면서 1년에 100권의 책을 읽고 있다. 우 작가가 사용하는 독서법 역시 자투리 시간 활용법이다. 아이들 재우고 잠깐씩 책을 읽는다. 이렇게만 읽어도 일주일에 2~3권은 읽는다고 한다. 물론 사람마다 읽는 방법이 다르다. 어떤 사람은 한 글자도 놓치지 않고 시험공부 하듯이 읽어내야 직성이 풀리는 사람이 있다. 하지만 이것을 알아야 한다. 그렇게 읽어도 기억나는 것은 한두 가지라는 것이다. 공부하듯이 그렇게 읽어도 책을 다 읽고 덮고 난 뒤에는 공감한 곳 한두 곳만 기억한다는 점을 인지한다면, 많은 시간 들여서 그렇게 읽는 방법 대신 핵심 위주로 짧은 시간에 여러 권 읽는 방법을 선호하게 될 것이다. 쓰기 위한 읽기도 바로 핵심 위주 읽기가 좋다. 내가 쓰려는 키워드 중심 읽기이다. 우 작가의 독서법은 정확히 모르겠지만, 아마도 핵심 위주 읽기가 아닐까 추측해 본다. 그렇게 아이를 재우면서도 잠시 잠깐 읽으면서 연간 100권을 읽는다니, 정말 자투리 시간의 힘을 느낄 수 있다.

엄마들이 활용할 시간은 바로 자투리 시간이다. 육아는 시작과 끝이 명확하지 않다. 직장인이라면 8시까지 출근해서 5시까지 일한다는 명확한 근무시간이 있다. 하지만 엄마들은 그렇지가 않다. 항상 24시간, 스탠바이 상태인 것이다. 그렇기에 육체적, 정신적으로 피로감이 더 깊다고 할 수 있다. 당장 월급이 없다고, 하는 일이 없거나 쉬운 것이 아니다. 24시간 스탠바이 상태로, 집중해서 사용할 수 있는 덩어리 시간보다는 주로 자투리 시간이 대부분인데, 이렇게 중간중간의 자투리 시간, 이 시간을 그대로 흘러버리지 말고 글감을 찾는 읽는 시간으로 활용한다면, 하루 1꼭지 쓰기도 가능할 수 있을 것이다.

자신만의 자투리 시간을 기록해 보자. 자투리 시간 체크하는 방법으로 좋은 것이 기록하는 것이다. 기록의 효과를 활용하는 것을 나는 평상시 실천하고 있다. 아이들이 매일 하는 집 공부도 미리 날짜별 표를 크게 만들어 벽에 붙여두고 체크하도록 한다. 스티커를 이용하는 것도 좋다. 그렇게 해두면, 자신이 공부한 것을 눈으로 직접 볼 수 있다. 결과물을 직접 봄으로써 아이들은 다시 동기부여를 받는다. 인간은 현실적인 동물이기에 이 방법이 효과적이다. 자투리 시간 활용에도 이 방법을 사용한다. 사용 가능한 자투리 시간을 기록해 보고, 만약 자투리 시간이 30분 이상 된다면 반드시 그 시간에 무엇을 할 것인지 자투리 시간 활용계획을 적어둔다. 엄마들이 책을 쓰는 동안에는 글감을 구상하거나, 책을 찾는 시간으로 활용하면 좋을 것이다.

쓰기 위한 읽기는 자투리 시간을 활용하도록 하자. 엄마들 시간 중 자투리 시간의 비율이 높다. 왜냐하면 24시간을 육아 중심으로 생활하다 보니, 육아 틈틈이 남는 시간이 있게 되는 것이다. 직장인처럼 업무시간이 정해진 것도 아니고 엄마들은 직업으로 따진다면, 엄마라는 역할이 극한 직업을 가진 사람의 역할과 비슷할 것이다. 24시간 중에서 육아 짬짬이 생기는 자투리 시간은 글감을 찾는 읽기 시간으로 활용하기에 제격이다. 주로 자신의 과거 경험이나 현재의 일상에서 사례를 찾기를 권하지만 그래도 한 번씩 찾기에 실패할 경우, 책을 통해서 사례와 메시지에 대한 아이디어를 얻을 수 있다. 쓰기는 덩어리 시간을 활용하고 읽기는 자투리 시간을 활용한다는 생각으로 한다면, 엄마들도 하루 1꼭지 쓰기도 가능할 것이다. 낮에는 집안일하면서 읽기를 하고, 다음날 새벽이나 아침에 꼭지 글을 쓴다고 계획을 세워보자. 자투리 시간, 그냥 무시할 시간이 아니다. 자투리 시간에 읽고 글감 찾아서 꼭지 글쓰기 도전하시길 바란다.

새벽 기상, 도전해라

엄마들의 하루는 바쁘다. 요즘처럼, 아이들이 학교도 가지 않는 코로나 상황에서는 더욱 짬 시간이 없다. 직장 맘일 경우에는 집에 있는 아이들이 걱정일 것이다. 아침에 제대로 일어났는지, 온라인 수업은 잘하고 있는지. 몸은 직장에 있지만 머릿속은 온통 아이들 생각이 가득할 것이다.

나는 현재 휴직 중이다. 아이들이 아직 초등학생이기에 휴직을 신청했었다. 그 기간이 벌써 올해로 4년째이다. 시간이 지나면 지날수록 수월해지지 않는 것이 육아라는 사실을 깨닫는다. 아이들은 크면 큰대로 엄마의 손길이 필요하기 때문일 것이다. 더군다나 지금처럼 아이들이 집에 있는 시간이 많을 경우, 엄마들의 역할이 더 커졌다. 아침 깨우고 먹이고 온라인 수업을 위해 컴퓨터 앞에 앉히고 중간중간 모르는 것 가르쳐 주는 것, 모든 것들이 엄마 몫이다. 그래도 나는 생각한다.

"내가 집에 있으니 그나마 이렇게 챙기지. 직장 맘들은 정말 마음이 불편할 것 같다."

이제 곧, 직장 맘의 신분이 될 나로서는 직장 맘들의 고충이 눈에 훤히 보이는 듯하다. 그래도 아이들이 눈에 보이는 것이 낫지, 짬 시간을 내지 못하더라도 아이들과 함께 있는 것이 마음 편하고 좋다는 생각을 한다. 하지만 책을 쓰기로 결단을 내렸다면 이런 상황에서 시간 확보가 어려울 수 있는데, 책 쓰는 엄마에게 꼭 필요한 보석 같은 시간이 바로 새벽 시간이라는 점, 말하고 싶다.

엄마들이 새벽 시간을 활용하기를 나는 강조하고 싶다. 책을 쓰지 않더라도 새벽 시간은 엄마들에게 특별한 시간이 된다. 삶의 활력 에너지를 채우는 시간이 된다.

아이들 3살 4살 때, 내가 가장 원하는 일 중 하나가 나만의 시간을 갖고 싶다는 것이었다. 아이들이 예쁘기는 하지만, 온종일 함께하다 보면, 혼자만의 시간을 갖고 싶어진다. 그 시간에 우아하게 커피도 마시고 싶고, 내가 보고 싶은 책도 읽고 싶다. 혼자서 조용하게 생각하는 시간도 갖고 싶다. 너무나 혼자 있는 시간을 나는 그리워했다. 거기에다가, 육아를 하면서 육아법을 좀 더 알기 위해 잡게 된 독서, 본격적으로 책을 읽으면서 새벽 기상을 결심했다.

새벽에 일어나서 혼자만의 시간을 가져 보니, 이 시간이야말로 엄마들에게 가장 필요한 시간이란 생각을 하게 되었다. 새벽 시간이 엄마들에게 필요한 가장 큰 이유는 북적거리는 시간에서 조금은 떨어져, 혼자만의 시간을 맘껏 즐길 수 있다는 것이다. 그 시간에 무엇을 하든 혼자의 시간이다. 새벽 시간이 없을 때는 깨어있는 모든 시간이 아이와 함께해야 하는 시간이었지만, 새벽 시간을 활용하면서 아이와 떨어져 있는 조용한 시간을 가질 수 있게 되었다. 그 자체로 엄마로서의 삶의 질이 한층 높아진다고 느끼게 된다. 책을 쓰든 안 쓰든 새벽 시간은 엄마들에게 한 인간으로서, 한 여성으로서 스스로 존재감을 느낄 수 있도록 한다. 결국, 이런 새벽 시간에 스스로 성장하여 엄마 역할도 더욱 잘하게 될 것이다.

하루 중 가장 책 쓰기 좋은 시간도 새벽이 된다. 혼자만의 시간으로 좋은 새벽 시간은 책 쓰기에도 가장 좋은 시간이다. 새벽에는 머리가 가장 맑다. 금방 자고 일어난 상태인지라 에너지가 충만하다. 몸도 마음도 머리도 하루 중 가장 개운한 상태가 되는 것이다. 책 쓰기는 자신이 머리를 사용해서 써야 한다. 그렇기에 이왕이면 가장 맑은 머리 상태에서 쓰면, 1꼭지 쓰기를 집중해서 빠르게 쓸 수 있다. 독서도 낮의 독서와 새벽의 독서는 다르다. 경험한 사람은 알겠지만, 같은 독서라도 독서의 결과는 천지 차이다. 독서의 집중도가 다르기 때문이다. 독서 5년 만에 내가 책 쓰기를 성공할 수 있었던 이유도 새벽 독서를 했기 때문이라고 생각한다. 책에 있는 모든 내용에서 내가 활용할 내용을 뽑아낼 수 있고, 그 내용을 나의 삶에 적용해 삶을 변화시키는 것이 바로 새벽 독서이다. 그런 것처럼, 새벽 책 쓰기도 마찬가지의 효과가 나타난다. 개인적으로 새벽에 하는 일 모두는 최고의 결과를 만들어낸다고 생각한다. 내적, 외적 컨디션이 최고인 상태가 새벽 시간이기 때문에 이 시간에 하는 그 어떤 일도 본질에 충실하면서 좋은 결과를 만들어 낼 수 있는 것이다. 그래서 책 쓰기도, 이 시간을 활용하기를 권한다.

그렇다고 책 쓰기 위해서 무리하게 새벽 기상을 시도하지는 말기를 바란다. 왜냐하면, 새벽 기상 자체도 새로운 시도이고 처음에는 에너지 소모가 필요하기 때문이다. 새벽 기상이 그냥 이루어지는 것이 아니다. 특히, 잠을 좋아하는 사람이라면 새벽 기상만으로도 에너지와 노력를 투자해야 한다. 거기에다가 책 쓰기도 새로운 도전인데, 두 가지가 같이 맞물려 더 어려워질 수 있다. 그래서 책 쓰기를 하면서, 새벽 기상 도전은 100% 에너지 투여가 아니라 20%만 한다고 생각하자. 새벽 기상을 도전하되, 너무 무리하지 말고 서서히 실천한다는 생각으로 접근하면 좋을 것 같다.

새벽 기상에서 가장 중요한 것은 전날 취침 시간이다. 새벽 기상, 어렵게 느껴질 수 있는데 비법이 있다. 경험상 새벽 기상에서 가장 중요한 것은 전날 취침 시간이다. 새벽 기상 하면 보통 잠을 줄이는 것을 생각하는데, 잠의 양은 줄이면 안 된다. 잠은 사람마다 필요한 양이 정해져 있다는 전제하에 기존의 잠의 양은 그대로 유지하면서 새벽 기상을 한다고 생각해야 한다. 그래서 평상시보다 빨리 자는 것이다. 보통 8시에 일어나는데, 6시에 일어난다는 계획을 세웠다면 2시간을 저녁잠으로 보충하는 것이다. 그래서 평상시 자는 시간보다 2시간 빨리 잔다. 그리고 새벽 기상이 나중에 몸에 익숙해지면, 그때부터 수면 총량을 조금씩 줄여간다. 잠을 줄이는 것이 불가능하다는 고정관념부터 버리고 조금씩 줄여나가면, 분명히 줄여나가게 될 것이다. 줄인 시간을 좀 더 값진 일, 내 인생에 도움이 되는 일을 하는 데 활용하기를 바란다. 그 일이 책 쓰기가 될 수도 있다.

엄마들에게, 새벽 시간은 아주 소중한 시간이 될 것이다. 새벽 시간을 내 인생에서 찾지 않는 것은 황금알을 낳는 귀한 시간을 잃어버리는 것과 같다. 처음에는 적응하기가 다들 힘들다. 새벽에 일어나는 일이 어느 날

갑자기 될 리는 없다. 한두 번 시도하고 힘들다고 그만두는 사람이 있다. 사실은 한두 번 할 때가 새벽 기상은 가장 힘들 때인데, 그 힘듦이 계속 이어지리라 지레 겁먹고 포기하게 된다. 실패하면 실패하는 대로, 내일의 새벽 시간은 또 찾아옴을 인지하고, 또 시도하면 된다. 새벽 시간의 특별함을 인지하기를 바란다. 가장 개운한 심신의 상태이기 때문에 어떤 일을 하더라도 놀라운 결과물을 얻을 수 있다고 말하고 싶다. 어렵게 느껴지는 책 쓰기, 집중이 잘 되지 않던 독서, 새벽 시간에 해보길 바란다. 새로운 느낌과 새로운 아이디어들을 얻을 수 있다. 아마도 새벽을 기다리게 될지도 모른다. 하루 중 단 한 번만 있는 시간, 새벽 시간을 사랑하게 될지도 모른다. 시간이 항상 부족한 엄마들에게, 새벽시간이 있어서 무엇이든지 도전할 수 있다. 책 쓰기도 두려울 것이 없다. 이 시간만큼은 엄마들이 꼭 챙겨 책 쓰기에도 사용하고, 엄마들의 삶에도 활용하시길 바란다.

주말 아침은 책 쓰는 장소로 이동해라

내 인생 첫 책을 쓸 때, 나는 독서실 한 달을 등록했다. 한 달 만에 초고를 완성한다는 야무진 목표를 가졌기 때문이다. 그 당시, 글 쓰는 장소로 세 군데를 미리 정해두었다. 집, 시립도서관, 독서실이다. 세 군데를 정한 이유는 정말 잘 써지지 않을 때, 기분 전환 겸 장소이동을 하기 위함이다. 장소에 따라 마음이 달라지고, 마음이 달라지면 글이 잘 써질 수도 있기 때문이다.

남편이 퇴근하면, 저녁을 먹고 나는 독서실을 갔다. 《하루 한권 독서법》을 쓸 때, 아이들은 방학 중이었다. 낮에는 도저히 원고를 쓸 수 없는 상황이었다. 그나마 쓸 수 있는 시간은 아이들이 일어나기 전, 이른 아침 시간이다. 이 시간도 어영부영하면 2시간이 훌쩍 지나갔다. 원고라도 쓰려고 하면, 아이들이 깬다거나 다른 일이 생기는 경우도 많았다. 1꼭지 쓰는 날도 있고, 반 꼭지 쓰는 날도 있고, 아예 손도 못 댄 날도 있고 그랬다.

그래도 하루 1꼭지 목표를 포기하지 않았다. 그래서 남편이 퇴근하면, 식사 후 바로 독서실로 갔다. 그 시각이 대략 밤 8시쯤 되었다. 밤 8시에 독서실을 들어가면 조용한 독서실이 더욱 조용했다. 내가 가는 밤 시간은 공부하는 학생들이 집에 갈 시간이기 때문이다. 방음이 되는 1인실로 들어가나는 하루 1꼭지 쓰기 목표를 달성했다. 독서실이라도 있었기에 하루 1꼭지를 쓸 수 있어서 독서실이 나에게 큰 위안이 되었다.

엄마들의 책 쓰기, 나는 책 쓰기 기간을 길게 잡지 말라고 강조한다. 길어지면, 책 쓰기 성공하기보다 실패하는 경우를 더 많이 봤기 때문이다. 특히 엄마들은 집에서 없어서는 안 되는 존재이기 때문에 길게 쓰면 안 된다. 아이들이 어리다면 더욱 그렇다. 그래서 책 쓰기 계획을 길게 잡을수록 엄마도, 아이들도 다른 가족들도 지친다. 그래서 짧게 초고 완성하라고 이야기한다. '초고 1달 만에 쓰기'를 목표로 세우고, 딱 한 달만 독하게 쓰기를 바란다. 가족들에게는 미리 양해를 구해야 한다. 독서실도 필요하다면 등록해도 된다. 딱 한 달이니, 그 정도는 투자할 수 있다는 생각이 든다. 혼자만 있을 수 있는 장소가 있다면 미리 확보해 놓고, 책 쓰기 시작하는 것이다.

엄마들이 책 쓰기를 성공하기 위한 또 다른 원칙은 주말을 사수하라는 것이다. 주중에는 주로 혼자서 아이들을 케어하는 경우가 많다. 글을 쓰더라도 아이를 케어하면서 써야 한다. 그래서 아침 시간을 필수로 책 쓰기 시간으로 활용해야 한다는 것이고 또한, 아이를 케어하지 않을 수 있는 주말은 꼭 책 쓰는 시간으로 투입해야 한다는 것이다. 주말에는 남편이나 가족에게 아이들을 맡기고 책 쓰는 장소로 가야 한다. 그렇게 책 쓰는 시간을 가져야 한다. 딱 1달 그렇게 한다고 생각하자.

첫 책을 쓸 때, 주말 아침마다 나는 조용히 도서관을 갔다. 엄마들에게 주말은 꼭 사수해야 할 귀한 시간이 된다. 왜냐하면 아이들로부터 해방되어 나의 일, 나의 책 쓰기를 할 수 있는 시간이기 때문이다. 나는 주말일수록 일찍 일어난다. 평일은 조금 늦잠을 자는 날도 있지만 주말에는 새벽 일찍 움직였다. 보통 시립도서관, 여름 개방 시간이 아침 7시쯤 된다. 그러면 그 시간 전에 집을 나섰다. 집을 나설 때는 남편과 아이들은 깊은 잠에 빠져 있을 때다. 조용히 가방과 노트북을 챙겨서, 조용히 집을 나선다. 물론 그 전에 가족의 동의를 구해둔다. 나가기 전에 간단한 요기를 하는 것도 잊지 않는다. 하지만 나중에는 먹는 것을 자제하게 되었다. 왜냐하면, 아무것도 먹지 않고 두뇌를 움직이는 것이 더 능률적이란 것을 알게 되었기 때문이다.

아침에 먹지 않고 쓰면 더 잘 써진다. 처음에는 든든히 배를 채우고 도서관을 갔었다. 주말 아침 시간을 더 알차게 보내겠다는 욕심 때문이다. 빵이든 밥이든 챙겨 먹고, 도서관을 갔다. 하지만, 식사하지 않고 원고를 쓸 때가 더 집중이 잘 된다는 것을 우연히 발견했다. 확연히 차이가 났다. 아침이지만 요기를 하면 소화를 위해 뇌로 가는 혈류량이 줄어들게 된다. 그렇기 때문에 집중도가 떨어지는 것은 당연하다. 그래서 될 수 있으면 먹고 가는 대신에 싸서 가는 것으로 바꾸었다. 1꼭지 쓰기 완성의 목표를 중심으로 나의 생활들이 재세팅했다.

엄마들이 주말, 책 쓰는 장소로 이동해야 하는 이유가 있다. 주말만이라도 집 아닌 다른 장소로 가서 쓰기를 권하는데, 무조건 이동하라고 권한다. 환경이 바뀌면 새로운 활기와 에너지가 생긴다. 어떤 작가는 작은 소음이 있는 커피숍을 추천한다. 나처럼 독서실을 히든카드 장소로 가지고 있어도 좋다. 책 쓰는 장소가 어디가 되었든, 그곳으로 가도록 하자. 엄마들이 주말에는 노트북을 들고 다른 공간으로 이동해야 하는 구체적인 이유는 다음과 같다.

첫째, 집중해서 1꼭지 글을 쓴다.

집에 있으면 육아하면서 글을 써야 한다. 아이들이 일어나기 전, 글을 쓴다고 해도 마음이 100이라면 30은 아이에게 가 있다. 아이들이 가까이 있으면 그렇다. 모성애가 강한 엄마들에게 당연한 일이다. 그래서 주말에, 가능하다면 아이들로부터 잠시 떨어져 다른 장소로 이동하라는 것이다. 그럴 경우, 좀 더 집중도 있게 글을 쓸 수 있다. 육아하면서 하루 한 꼭지를 겨우 쓴다면, 장소를 옮겨 집중해서 쓴다면 더 빠르게 1꼭지 글을 써낼 수 있다.

둘째, 쓰는 맛을 즐긴다.

집에서 글을 쓰면, 1꼭지 글을 쓰면서 계속 끊기는 상황이 많다. 지금 아이들은 방학이다. 아이가 둘이다 보니, 아침에 일어나는 시간도 다르다. 큰아이 공부 봐주고 먹이고 난 뒤 놀러 보내고 나니, 작은 아이가 부스스 일어나 내 얼굴 앞에 '식~' 웃으면서 나타난다. 아구~, 1꼭지 마저 쓰려 했더니, 웃는 얼굴에 침 못 뱉는다고 찡그릴 수도 없고, '그래, 잘 잤어?'라면서 안아주고 또 먹이고 공부시키고 한다. 그러고 나면 글 쓰던 마음 사라지고, 다시 쓸 때는 다시 그 기분 끌어올리는 데 시간이 또 필요하다. 하지만, 집중해서 쓰면 후루룩 쓰고 무엇보다 쓰는 맛이 좋다. 즐겁다. 이런 기분을 느껴봐야 한다. 그래서 더욱 집중된 시간이 필요한데, 엄마이다 보니 최소한 주말이라도 이 기분 느끼면서 꼭지 글쓰기 매력에 빠지길 바란다.

셋째, 글의 맥이 일관된다.

집중의 맛은 글쓰기에도 있다. 1꼭지 글을 쓸 때 오로지 그것만 생각한다면, 쓰는 시간도 짧아지고 글의 질도 좋아진다. 일관된 글이 된다는 것이다. 간혹, 1꼭지 글 쓰면서 다른 일 하다가 다시 오면 글의 요점이 안 맞는 경우도 있는데, 이런 상황을 예방할 수 있는 것이 집중력을 발휘하는 것이다. 도저히 환경이 안 된다면 스스로 자신을 조절하는 방법을 사용해야 하고, 환경 자체를 집중하는 환경을 만든다면 훨씬 쉽게 일관되게 맥을 갖춘 글을 쓸 수 있다. 그래서 평일에는 시간을 옮겨 새벽에 쓰고, 주말에는 장소를 옮겨 집 밖, 나의 글쓰기 아지트로 가서 쓰기를 권한다.

넷째, 주중의 2배를 쓸 수 있다.

한 달에 초고완성을 목표로 한다면, 보통 하루 한 개를 목표로 하고, 주말에 좀 집중해서 많이 쓴다고 생각하면 좋을 것이다. 주말인 토요일, 일요일에는 최대 하루 2개씩, 4개를 쓸 수 있다. 처음부터는 힘들 것이다. 첫주에는 주말이지만 하루 1개의 꼭지 글 완성을 목표로 하고 어느 정도 적응해서 2주 때부터는 마음먹고 주말 하루 2꼭지씩 도전해 보는 것이다. 평일보다는 집중도가 높기 때문에 토요일, 일요일 각각 2꼭지씩 쓸 수도 있다는 생각으로 시도하다 보면, 분명 평일보다 많이 쓰게 된다.

다섯째, 육아로부터 잠시 해방되어 책도 쓰고 나만의 시간을 갖는다.

육아는 산 넘어 산이란 표현을 자주 쓴다. 왜냐하면, 잠시 쉴 틈도 없이 할 일이 있기 때문일 것이다. 스스로 조절하지 않으면 계속 일만 하게 될지 모른다. 아이들이 깨어 있을 때는 아이들에게 집중해야 하고, 아이들이 잘 때는 빨래며 설거지며 기타 집안일을 하게 된다. 정말 휴식이 필요한 사람이 육아하는 엄마들이다. 육아에 더 열중하기 위해서도 잠시 휴식이 필요하다. 그래서 주말이라도 혼자만의 여유로운 시간을 즐겨야 한다. 책 쓰기도 하고, 독서도 하면서 나만의 시간을 가지는 것이다. 육아하는 엄마에게 혼자만의 시간은 최고의 보약이다. 주말에는 무조건 노트북 메고 나만의 공간으로 이동하도록 하자.

주말은 책 쓰는 엄마에게 금쪽같은 시간이다. 초고쓰기 1달을 목표로 잡았다면, 주말은 꼭 사수해야 할 시간이다. 너무 긴 기간 초고를 쓰다 보면 엄마뿐 아니라 아이들, 남편, 다른 가족까지 덩달아 함께 지칠 수 있다. 그래서 엄마들은 최대한 짧은 기간, 1달을 목표로 꼭지 글을 쓰겠다는 계획을 세워야 함이 필요한 것이다. 주말은 평일보다 집중적으로 글을 쓸 수 있다. 그래서 될 수 있으면, 초고 쓰는 기간 동안 주말을 활용해야 하는데, 아침 일찍 가족들이 잠에서 깨어나기 전에 책 쓰는 장소로 이동함을 원칙으로 하자. 평일의 2배의 꼭지 글을 써낼 수 있는 주말 시간이 있어, 엄마들의 책 쓰기도 안심이 된다. 주말, 아이와 남편이 자고 있을 때 서둘러 장소를 이동해서 주말 하루 목표 2꼭지를 써내도록 해보자. 책 쓰기 완성이 멀지 않았음을 느끼면서 써야 할 꼭지 제목의 수가 줄어듦을 기분 좋게 바라보게 될 것이다.

생각 없이 리모컨을 잡지 마라

"잠깐 하는 행동으로 하루의 퀄리티가 결정된다."

이것이 무슨 의미일까? 잠깐의 행동이 왜 하루를 결정하는가? 잠깐 하는 행동은 잠깐으로 끝나야 하는 것이 아닌가? 아니다. 잠시 잠깐의 행동으로 하루를 바꾸고 삶을 바꿀 수도 있다. 나이가 들수록 작은 행동 하나가 삶이 된다는 것을 느낀다. 그래서 잠깐 게임하고 공부하자, TV프로에 잠깐 뭐 하는지만 보고 할 일하자, 이런 현실적으로 불가능한 유혹에 넘어가면 안 된다.

초등학생인 나의 아이들은 요즘 방학이다. 코로나19 여파로 학교도 못가고 계속 온라인 수업을 받았다. 그래도 방학은 여지없이 찾아왔다. 방학 전과 후가 크게 달라진 것은 없고 단지, 온라인 수업이 방학 기간에는 없다. 하지만 아이들의 공부는 계속되어야 하고 공부하는 습관을 형성하기 위해서라도 나는 꾸준히 집 공부는 내주고 있다. 집 공부의 종류는 국어, 영어, 수학이다. 국어는 위인전 읽고 받아쓰기 3문장쓰기, 영어는 필리핀 튜터와 1시간 화상 수업하고 배운 내용을 엄마와 함께 읽고 필사하기, 수학은 시중에 나와 있는 문제집 하루에 2장씩 풀기이다. 임의로 나는 그렇게 아이들 공부할 내용을 정했다. 나열해서 적어 놓으니까 공부할 양이 엄청 많아 보인다. 하지만, 집중해서 하면 튜터 영상 강의 듣는 것 빼고 총 분량이 1시간 할 양도 안 된다. 성격 급한 수홍이는 후다닥 해 놓고 말한다.

"엄마, 한 시간만 TV 볼게요."
"집 공부 다 했지?"
"네."
이렇게 해서 아들은 TV를 보기 시작했다. 그때 시간이 오후 5시쯤 되었다. 아이가 TV를 끈 시간은 밤 10시. 나도 원고를 쓴다고 집중하고 있는 사이, 아이는 신나게 TV를 본 것이다. 1시간만 보겠다고 리모컨을 켠 아이는 무려 5시간을 봤다. 그것도, 이제 TV 끄자고 여러 번 말을 듣고 난 뒤의 일이다.

내가 좋아하는 TV 프로그램은 토크쇼 같은 것이다. 말로 하는 프로그램을 좋아한다. 요즘 좋아하고 즐겨보는 프로는 혼자 사는 연예인들과 엄마들이 나오는 프로이다. 엄마들은 스튜디오에서 아들들의 개인 생활들을 들여다 보면서 MC와 함께 주거니 받거니 이야기를 나눈다. 나도 결혼이 늦어서 그들이 더욱 이해되고 재미있다. 또한 아이들에 꼭 묶여 자유롭게 다니지 못하는 나의 현재 삶으로 그들의 자유분방한 생활방식에 대리 만족을 느끼는 마음도 있는 것 같다. 한편으로 부럽다는 이야기이다. 하지만, 한편으로 왜 저러고 살까? 빨리 결혼해서 부모님께 효도하고, 귀한 2세도 낳고 행복한 가정을 꾸려야지 하는 생각도 하면서 그 프로그램을 즐겨본다. 요즘 TV는 한 프로가 끝나면, 리모컨을 끄고 나올 수가 없다. 또 다른 재미난 프로를 계속 볼 수 있다.

잠깐 보자고 리모컨을 잡았는데, 2~3시간이 훌쩍 지나가 버린다. 잠시 잠깐 본다는 내 생각이 제대로 실천되지 못한다. 눈과 귀가 즐거운데, 그 즐거움을 중단한다는 것이 쉽지 않은 것이다.

엄마들이 책 쓰기 하는 동안 끊어야 하는 것 중에 1순위가 TV 시청이다. TV 리모컨을 한번 누르면, 최소 3시간은 기본으로 보게 된다. 3시간이면 1꼭지를 쓸 수도 있는 시간이다. 그런 긴 시간을 허무하게 TV 시청 시간으로 보낸다면, 책 쓰기 시간 확보는 힘들어진다고 할 수 있겠다. 그래서 무조건, TV는 시간 도둑이라는 마음으로 책 쓰기를 해야겠다.

책 쓰는 동안 TV 유혹에 빠지지 않도록 엄마들은 자기만의 방법을 만들어보자. 맞춤식 TV 차단 방법이다. 사람마다 취약한 부분이 다르다 보니, 자신만의 TV 차단 전략을 세워 보는 것이다. 나 같은 경우 TV를 볼 수 없도록 방 한쪽 구석에 치워두었다. 사실, TV 없이 살 수 있을까? 궁금했다. TV는 우리 삶에서 너무나 익숙한 것이다. 신체의 일부처럼 항상 함께였다. 그렇기 때문에 TV 없는 삶을 상상하지 못한다. TV를 좋아하는 사람이라면, TV 없는 삶 자체를 아예 시도조차 하지 않을 것이다. 엄마들이 이런 강력한 TV로부터 책 쓰기를 방해받지 않기 위해 나는 다음과 같은 방법을 권하고 싶다. 즉, 책 쓰는 동안 TV의 유혹에 빠지지 않는 최선의 방법은 다음과 같다.

첫째, TV는 잠시 잠깐만 본다는 자체가 불가능하다는 것을 인정해라.

잠깐 TV 프로그램 뭐 하는지만 보자는 유혹에 빠지면 안 된다. 잠깐이란 생각 켰다가 5시간을 도둑맞을 수 있다. 리모컨을 켜는 이유는 지금 골치 아픈 것들이 있을 때가 많다. 잠시의 일탈까지는 아니지만, 복잡한 상황에서 잠시 떠나 있고 싶은 욕구가 있을 때 리모컨을 켜게 된다. 현재 나는 인스타그램 때문에 글쓰기를 방해받을 때가 있다. 글을 쓰다가도 인스타그램에 들어가서 아침에 써서 올린 나의 글에 사람들이 얼마나 호응했는지 확인한다. 또 글을 쓰다가 인스타그램에 어떤 글이 올라와 있는지 확인하고 읽는다. 계속 이렇게 중간중간 인스타그램을 찾는 이유를 가만히 생각해 보니, 글을 쓰다가 글이 잘 쓰이지 않을 때라는 것을 알게 되었다. 잠시, 그 시간을 벗어나 있고 싶어서 글 쓰는 중간에 인스타그램을 열고 들어갔던 것이다. 인스타그램의 글을 보고 난 뒤, 원래 글쓰기로 돌아와서 글을 연결해 써나가기 위해 오히려 시간이 더 걸린다. 그렇듯이, 결코 TV 리모컨을 잠시 잠깐 켜는 것이 꼭지 글을 쓸 때 도움이 되지 않는다는 사실을 인지해야 한다. 또한, 잠시 잠깐이 엄마들의 귀한 시간, 글을 써야 하는 그 시간을 의미 없이 소비하게 한다는 사실을 매일 인지해야겠다.

둘째, TV 리모컨을 눈에 보이지 않는 곳에 두어라.

아예 눈에 보이지 않으면, 그것을 생각하지 않는다. 사람이란 게 단순한 면이 있다. 눈에 보이는 것 위주로 생각하게 된다. 눈에 보이지 않으면 마음에서도 멀어진다는 속담대로이다. 그래서 TV 리모컨을 눈에 띄지 않는 곳에 치워두는 것이다. 간단한 이 행동 하나로 몇 시간을 벌 수가 있다.

셋째, TV를 눈에 안 보이는 방으로 옮겨라.

보통 가정에서는 거실 중앙에 대형 TV를 설치해 놓은 경우가 많다. 이런 구조라면, 집에 와서 바로 보이는 것이 TV이고, 보이는 것은 하고 싶고 더 보고 싶은 욕구가 발동한다. 그래서 무의식적으로 TV를 켜게 된다. 책 쓰는 엄마가 집 안 가구 배치에 신경 쓸 1순위는 거실에 TV 놓지 않기이다. 아이들을 위해서도, 책 쓰는 엄마들을 위해서도 TV는 보이지 않는 작은 방으로 치워 두는 것이 현명하다. TV가 집의 중심이 되어서는 안 된다. 뒷방으로 치워둠으로써, 시간을 벌고 책 쓰기 시간도 확보할 수 있다.

넷째, 책을 쓰는 동안에는 TV와 잠시 이별한다고 각오하자.

TV와 이별하지 않고, 책 쓰기를 성공할 수 없다. TV는 시간 잡아먹는 도둑이다. 그것도 덩어리 시간, 기본이 1시간, 많게는 3시간 이상. 신기한 것이 시간이 없어 종종거리면서 하루 2, 3시간 TV는 보는 사람들이 많다. 드라마 하나를 보더라도 30분에서 1시간 가까이 되지 않는가? 드라마만 포기해서 하루 30분에서 1시간, 그 귀한 시간을 나의 미래를 바꿀 책 쓰기 하는 데 도움이 되는 필사를 할 수도 있다. 책 쓰기 하는 동안 TV 시청은 잠시 이별한다는 생각을 가져야 한다.

다섯째, TV 꼭 봐야겠다면 밤에 잠시 보자.

그래도 책 쓰기 하는 동안, 실타래처럼 얽힌 머리를 TV 시청으로 풀어야겠다면 끝이 있는 시간대를 이용하자. 지킬 수밖에 없는 데드라인을 장치해두는 것이다. 늦은 밤에는 피곤한 몸이다. 그리고 내일을 위해서 잠을 자두어야 한다는 생각을 한다. 그래서 밤에 잠깐 TV를 켜는 것이다. 이러다가 밤새는 사람이라면, 이것도 주의 경보이다. 그러나 대부분 이성적으로 자신을 통제할 수 있는 사람이라면, 대략 30분에서 1시간 정도 보다가 TV를 끄게 된다. TV를 켤 때는 인위적이고 강압적인 데드라인이 있는 시간대를 사용하자.

책 쓰는 동안, TV 리모컨을 생각 없이 잡으면 안 된다. 생각지도 않은 행동으로 생각지도 못한 시간 낭비에 당황하게 될 것이다. TV 시청이 그렇다. 특히, 책 쓰는 기간 동안, 가장 조심해야 할 부분이 생각 없이 TV를 켜는 것이다. 사람은 스트레스 상황에서 그 상황을 벗어나기 위해서 무의식적으로 다른 일을 찾는 경우가 있다. 글쓰기 하다가 글이 잘 풀지 않을 때, 인스타그램 앱을 찾았던 나처럼, 누구나 그럴 수 있다. 하지만, 본능적으로 그렇게 하는 행동이 근본적인 문제를 해결할 수 없음을 깨달아야 한다. 무심결에 TV 리모컨을 켜고 책 쓰기에서 벗어나려는 자신의 본뜻을 이해하면서 TV를 켜려고 할 때 자신의 마음을 한 번 더 다잡기를 바란다. 또한, TV가 책 쓰기에 귀한 시간을 뺏어가는 가장 큰 방해물임을 인지하고, 무심결에 리모컨 켜기를 경계해야겠다. TV 리모컨 생각 없이 잡지 말고 책 쓰기에 귀한 시간 투자하자.

아침 시간에 집안일 하지 마라

아침에 일어나자마자 나는 하루 중 가장 바쁜 시간을 보낸다. 바쁜 이 시간, 내가 꼭 챙기는 시간이다. 이때는 집안일도 하지 않는다. 집안일을 하기에는 너무나 아깝고 귀한 시간이기 때문이다. 이 시간의 뇌는 가장 활동적이며 최고의 집중력을 발휘할 수 있는 최상의 상태이다. 잠재의식 또한 최대로 발휘된다. 잠재의식, 보통 평상시 잘 염두에 두지 않는 개념이다. 하지만 이 잠재의식이 일의 성과를 내는 데 중추적 역할을 한다는 것을 잊으면 안 된다. 높은 성과의 원인은 따지고 보면, 잠재의식의 활동 여부에 의해 결정된다고 할 수 있다. 잠에서 깬 직후의 시간에는 내 깊은 잠재의식이 왕성하게 활동하는 시간이기 때문에 이 시간대에 내 삶에서 가장 중요한 일들을 해야 한다. 그래서 나는 집안일 대신에 읽고 쓰는 일을 한다.

가장 먼저 출간한 나의 책 판매지수부터 확인한다. 판매지수는 출간하기 전에는 존재 자체를 알지 못했다. 별로 신경 쓰지 않았다. 온라인 서점에서 책 제목 밑에 판매지수가 표시되어 있다. 판매지수로 책이 얼마 정도 팔렸는지를 어림짐작할 수 있다. 그래서 나의 책 판매지수를 노트북을 켜자마자 확인한다. 처음에는 이것이 왠지 속물이라는 느낌이 들었으나, 이런 확인으로 얻는 것이 또한 있었다. 우선, 책의 마케팅에 좀 더 신경 쓰게 되었다. 아무리 좋은 책이라도 사람들에게 알려지지 않으면 그 책은 읽히지 않는다. 읽히지 않는다면 쓰는 의미가 줄어든다. 요즘, 마케팅의 중요성을 깊이 느끼고 있다.

다음에 하는 일이 하루 실천 계획을 세운다. 실천 계획은 아주 간단히 시간대별로 적는다.

현재 시간을 먼저 기입하고, 읽기와 SNS 글쓰기를 30분 정도로 계획한다. 그리고 가장 중요한 1꼭지 쓰기에 대한 시간을 기록한다. 그리고 오늘 꼭 해야 할 중요한 일을 계획 후 기록한다. 예를 들면, 다음과 같다.

1. 현재시각 – 07:00
2. 독서 및 SNS 글쓰기 – 07:30~08:00
3. 1꼭지 쓰기 – 08:00~09:30
4. 오늘 꼭 할 일 – 은행 볼일 보기, 아이들 노트 사기, 세차하기

실천 계획은 행동에 불을 지피기 위해서이다. 실천 계획을 시간대별로 적어두면, 바로 그 일을 시작하게 된다. 실천 계획을 적지 않으면, 생각지도 않은 일로 그 시간을 채우게 된다. 결국, 아침 시간에 내가 해야 할 일은 못 하게 된다. 실천 계획을 아주 간단하게라도 적게 된다면, 그 계획대로

달성되거나 그것에 못 미치더라도 비슷하게는 이루게 된다. 아침에 해야 할 중요한 일들을 한 번씩은 하고 내일을 맞이하게 되는 것이다. 사실, 하지 않은 일은 잊게 되고 가치가 없는 것처럼 여기게 된다. 인간의 나약한 부분이다. 그래서 독서도 하고, 인스타그램에 글도 쓰게 되고, 1꼭지 쓰기도 매일 하려 한다. 시간대별 실천 계획은 내 행동의 원동력이 되고, 하루를 가치 있는 행동으로 실천하게 한다. 실천 계획이 최고의 동기부여 방법이다.

　다음으로 하는 일이, 책 읽기와 SNS 글쓰기이다. 책 읽기와 SNS 글쓰기, 이 둘 중에 비중을 정하라고 한다면, 읽기이다. 책을 읽음으로써, SNS 글쓰기도 가능하다. 읽고 쓰는 방법인 것이다. 아침 독서로 하는 책은 별도로 정해둔다. 하나의 책으로 며칠을 읽는 것이 아니라, 집중이 잘 되는 아침 시간에는 인생을 흔들 책을 선택해서 읽는다. 주로 의식에 관련된 책이나, 인생을 바꿀 수 있는 성공기술 같은 책을 읽는다. 그리고 읽은 내용은 공유한다. 위대한 내용, 인생을 바꿀만한 기가 막힌 내용을 나만 알고 있기는 아깝다. 그래서 공유한다. 최근 나의 공유 방법은 인스타그램이다. 시작한 지 6개월 정도 되었는데, 현재 팔로워 2,700명을 넘기고 있다. 의식 책으로 읽고 공유하는데, 나는 팔로워가 꾸준히 느는 것을 보고 생각했다. 사람들이 의식이나 마음에 대한 내용에 목말라 하는구나! 내면을 채울 수 있는 글들을 좋아하는구나! 라고 생각하게 되었다. 나도 이 부분에서 예외이지 않다. 내면의 힘을 키우는 내용과 의식 관련 내용은 읽으면 읽을수록 울림이 있어 좋다. 그것을 꼭 내 것으로 만들어 버리겠다는 욕심이 생긴다. 사람들은 다들 비슷했다. 의식 책을 읽고 다시 쓰고 반복, 공유하는 이 것이 새로운 나의 하루 목표가 되었다.

이 시간에 1꼭지 글쓰기도 한다. 사실 이것을 가장 중요하게 생각한다. 나의 하루에서 최고로 중요한 일이 바로 이 1꼭지 글쓰기이다. 글 쓰는 엄마라면, 초고를 완성할 때까지 하루 1꼭지 쓰기를 제일 중요한 일로 정해야 함을 강조하고 싶다.

엄마들에게 오전 시간의 가치는 특별하다. 만약 집에 있는 엄마라면, 오전 시간에 집안일은 될 수 있으면 하지 말아야 한다. 엄마들에게 집안일은 끝이 없는 일이다. 돌아서면 할 일이다. 하나 끝나고 좀 쉬려고 하면, 또 다른 일들이 생각나고 눈에 보인다. 가정이란 곳을 떠나지 않고는 집안일에서 벗어날 수가 없는 것이 사실이다. 특히 코로나바이러스 전염으로 아이들이 1주일에 한 번 학교에 가고 나머지 날은 집에서 온라인 수업을 받는 상황에서 엄마들의 일이 더 많아졌다. 그래도 오전 시간을 사수해야 한다. 아침 시간에, 아이들이 일어나기 전까지 나만의 시간을 가지지 않는다면 엄마들은 내일도 오늘과 같은 나날을 보내게 될 것이다. 다른 날과 다른 미래를 꿈꾸는 엄마라면, 오전 시간만큼은 집안일을 하지 말고 미래를 바꿀 특별한 그 일을 해야 한다. 그 일의 가장 핵심적인 일, 몇 개를 정해서 그것으로 오전 시간을 채우는 것이다.

집안일을 완벽하게 하는 엄마들이 놓치고 있는 것이 있다. 집안일을 완벽하게 한다고 해서 새롭게 얻는 것은 없다는 것이다. 정리된 집이 마음과 눈이 편안하기는 하겠지만, 꼭 깨끗하지 않아도 삶에 크게 문제가 생기지는 않는다. 내 마음에 드는 깨끗한 집보다는 내 마음에 드는 삶을 만드는 일에 오전 시간을 활용하기를 바란다. 집안일은 개운한 뇌 상태가 아니어도 된다. 오후 시간, 조금 잠이 올 때, 빗질하고 걸레질을 해도 된다.

책 쓰는 엄마는 오전 시간의 가치를 알고 활용해야 한다. 오전 시간은 나의 미래를 바꿀 시간이고, 나의 경험과 메시지를 적어 한 권의 책을 출간할 수 있게 하는 위대한 시간이다. 이 시간만큼은 엄마 개인의 발전을 위한 시간, 책을 쓰는 시간으로 만들어야겠다. 집안일하는 것에 책 쓰는 시간을 뺏겨서는 안 된다. 마음에 담아 둘 오전 시간에 대한 가치는 다음과 같다고 할 수 있다.

첫째, 오전 시간이 하루의 가치를 결정한다.

엄마들에게 오전 시간은 특별하다. 오전 시간이라고 한다면, 일어난 직후부터 아이들이 잠을 깬 시간까지라고 할 수 있다. 일어나는 시간이 만약 새벽이라면, 최대 3시간까지 가질 수 있다. 그 시간만큼은, 현재 나에게 가장 소중하면서 미래를 바꿀 그 일을 하는 시간으로 만들어야 한다. 이 시간을 어떻게 보냈느냐에 따라 하루 목표 달성치가 거의 결정된다고 할 수 있다. 책 쓰는 엄마라면, 이 시간을 하루의 전부라고 생각하자. 이 시간을 어떻게 보냈느냐에 따라 책을 출간하느냐 못 하느냐가 결정된다. 책 쓰기를 오후나 저녁 시간으로 미루어 두면, 또 다른 변수가 있기에 그날의 책 쓰기를 못 할 수 있다. 매일 1꼭지씩 써나가야 책 쓰기 완성을 쉽게 이룰 수 있는 것이다.

둘째, 인생의 승패는 오전 시간을 어떻게 보냈느냐에 따라 결정된다.

아이들이 깨어나기 전까지의 시간인 2~3시간에 의해 하루가 결정되듯이, 이 하루가 모여 나의 인생도 결정된다. 하루의 실패는 인생의 실패로 연결될 수 있다. 내일은 꼭 할 일을 제대로 할 것이라고 결심하더라도, 오늘 당장 하지 않는다면 내일도 그렇게 될 가능성이 높다. 그래서 책을 쓰는 엄마라면, 하루 1꼭지 쓰기 실패는 1주일 1꼭지 쓰기 실패로, 한 달 1꼭지 쓰기의 실패, 결국 책 쓰기의 실패로 이어질지도 모른다는 생각을 가져야 한다. 계획한 하루 1꼭지 쓰기 목표는 최대한 이루기 위해 노력해야 하는데, 그 노력을 오전 시간에 집중적으로 하라는 것이다. 오전 시간에 놓치면 하루를 놓치게 된다.

귀한 오전 시간에 집안일은 하지 마라. 오전 시간에는 뇌가 가장 맑은 시간대이다. 책 쓰는 엄마라면, 이 시간을 책 쓰는 것과 관련된 일을 해야 한다. 만약 첫 책을 쓰는 엄마라면, 이 시간만큼은 꼭 사수해야 한다. 이 시간을 놓치면, 하루를 놓칠 수 있다. 집안일은 뒤로 좀 미루어도 된다. 오전 집안일은 당장은 마음이 편할 수 있겠지만 멀리 봤을 때, 인생에는 크게 도움이 되지 않는다. 먹는 것 준비 외의 집안일은 뒤로 미루고 이 귀한 시간에 책을 쓰는 것이다. 새벽에 조금 일찍 일어난다면, 오전 시간이 좀 더 길어진다. 새벽 시간도 도전해 보길 바란다. 새벽, 아침, 점심, 저녁으로 하루를 나눈다면 오전 시간은 새벽, 아침 시간으로 되어 더 많은 시간을 읽고 쓰는 시간에 활용할 수 있다. 오전 시간을 나의 시간으로 활용한다면 책도 쓰고, 원하는 일들을 위해 무슨 일이든지 조금씩 이루게 될 것이다. 엄마들에게 다시 강조한다. 오전 시간 집안일하지 말고, 책 쓰기 시간으로 활용하고 버킷리스트인 작가가 되시길 바란다.

"깨끗한 집보다 엄마들 자신이 원하는 삶을 이루는데 오전시간을 투자해라."

오전 시간, 1꼭지 쓰기 사수해라

"매일 독서하기"

건너뛰지 않고 매일 독서하는 방법이 있다. 매일 책 읽는 방법은 다른 것이 없다. 눈 뜨자마자 책을 펴고 읽는 것이다. 누구나 기상 직후의 시간을 가진다. 24시간 잠만 자는 사람은 없다. 중요하다고 생각하는 독서, 일어나자마자 바로 한다면 잊어버리지 않고 놓치지도 않게 된다. 그래서 본격적인 독서를 시작할 당시 나는 기상 직후 가장 먼저 하는 일로 독서를 정했다.

생각대로 독서는 매일 빠지지 않고 하게 되었다. 일어나자마자 하니, 집중도 잘 되어 독서의 질이 낮의 독서와 확연히 차이가 났다. 무엇보다 좋았던 것은 책을 매일 읽을 수 있었다는 것이다. 나는 하나의 사실을 깨달았다. 스스로 중요한 것이라 판단한 것들은 하루 중, 가장 먼저 해야 한다는 것이다. 독서만큼이나 소중한 1꼭지 쓰기도 이 논리대로 적용하기로 했다.

1꼭지 쓰기의 의미를 생각해 보자. 책을 쓸 때 가장 중요한 부분은 목차 완성과 초고완성이다. 목차완성, 첫 책을 쓰는 엄마라면 조금 힘이 들 수 있기 때문에 다른 작가와 함께 만들어 가면 좋을 것이라 이미 앞에서 이야기를 했다. 그리고 초고완성 즉, 대략 40개 정도의 꼭지 글을 쓰는데 이때는 순전히 혼자서 써나가야 한다. 누구도 도와줄 수가 없다. 아무리 귀한 자식이라도 대신 아파줄 수 없는 것처럼 초고 쓸 때 누구도 함께해 줄 수 없다는 사실을 먼저, 인지해야 한다. 책 쓰기 완성을 위해 1꼭지 1꼭지 혼자서 완성해나가는 것이 중요한 것이다. 1꼭지 완성이 40번 되면 초고는 완성이 되고, 초고완성 후에 퇴고하고 투고하고 계약하게 되는 것이다.

책 쓰기 중, 1꼭지 완성하는 것은 매우 중요하다. 1꼭지를 씀으로써 초고를 완성하게 되는 것인데, 1꼭지를 완성하지 못하면 초고완성도 물 건너가게 된다. 계약과 출간까지 가는 데 있어서 초고완성이 매우 중요한 것으로, 매일 1꼭지 완성하면 초고완성, 계약, 출간까지 가게 된다는 것을 생각할 수 있다. 단순히 1꼭지만을 생각한다면, 오늘 그 1꼭지 쓰는 것을 내일 하자라고 미룰 수 있다. 하지만 될 수 있으면 오늘 1꼭지씩 써야 내일도 쓸 수 있다고 생각하면 좋을 것 같다. 오늘 1꼭지 다 못 쓰더라도, 최대 이틀에 1꼭지는 쓴다는 각오로 임해야겠다.

하루 중 1꼭지 쓰는 시간은 오전이 되어야 한다. 오전 시간에 1꼭지 못 쓰면, 그날은 못 쓰는 날이 될 확률이 99%이다. 독서할 때도 마찬가지이다. 매일 책을 읽겠다고 마음먹지만 실천하기 쉽지 않다. 그래서 기상과 독서를 연결해 두고 실천하니, 아침 기상이 매일 있듯이 나의 독서도 매일 하게 되어 하루도 거르지 않게 되었다. 이것이 결국, 독서를 습관으로 만드는 방법이었다. 그것처럼 1꼭지 쓰기도 기상 직후에 하든지 아니면 오전 시간에 해야 한다. 엄마들은 집에 있으면 시간이 많을 것 같지만, 사실은 그렇지가 않다. 눈에 띄지 않게 집 안 곳곳에 시간 도둑이 도사리고 있다. 그리고 불시에 터지는 일들을 해결해야 하는 변수도 많다. 언제 무슨 일이 터질지 모르는 상황에서 항상 준비태세로 있는 것이 엄마들의 역할이 된 지 오래이다. 그나마 시간 활용할 수 있는 시간이 오전 시간이다. 오전 시간에는 일단 몸과 정신 상태가 글을 쓰기에 적합하다. 만약 오전 시간을 놓친다면, 1꼭지 쓰기는 그날 실패하게 된다고 생각하는 것이 맞다. 그것이 정신 건강에도 좋다.

　나는 지금도 하루 1꼭지 글쓰기를 실천하려 한다. 어느 날 하루는 생각지도 않게 아이들이 일찍 일어났다. 보통 나는 늦어도 6시에는 일어난다. 그날은 딸아이가 나를 따라서 일어났다. 이제 초등학생 4학년인 아이는 일어나서 이것저것 요구하고, 엄마를 찾는다. 아이의 요구를 들어주는 동안 시간은 흘러갔고, 결국 나는 아침 시간에 1꼭지 쓰기를 포기해야했다. 요즘 온라인 수업을 해서 아이들이 일어나면, 그때부터 온라인 수업하는 것 도와주고 그리고 아침 챙겨서 먹이면 정오, 오후 1시가 금방 된다. 잠시 휴식을 하고, 3시부터 5시까지 다시 필리핀 원어민 화상 공부하는 것을 봐주어야 한다. 1시간씩 2명이니까 2시간이 소요된다. 원어민 화상 통화할 때도 내가 직접 공부를 봐주는 것은 아니지만, 아이들이 방에서 공부하면 나는 거실에 있어야 한다. 그리고 한 번씩 방 안을 들여다본다. 이유는 화상 통화하면서 가끔씩 아이들이 다른 화면을 켜놓고 딴 짓을 할 때가 있기 때문이다. 그래서 나는 꼼짝 마라이다. 영상통화가 끝나면 매일은 아니지만, 장을 봐서 저녁밥을 한다. 저녁 먹고 나면 8시가 넘는다. 몸은 피곤하다. 오늘 못 쓴 1꼭지를 쓰기 위해 책상에 앉았는데, 도저히 쓸 수가 없어 나는 포기하고 말았다.

나는 오전 시간에 1꼭지 쓰기를 완성하기를 엄마들에게 강조한다. 이유는 오전 시간이 집중도 잘 되고, 그나마 엄마들에게 가장 여유로운 시간이기 때문이다. 엄마들의 시간, 시간이 많다고 다 내 시간이 되는 것은 아니다. 시간의 질이 중요하다. 책 쓰기를 하기 위해서는 질적인 내 시간을 확보해야 하는데, 오전 시간이 그나마 책 쓰기에 최고 시간이 된다. 이 시간에 책도 쓰고, 책도 읽으면서, 엄마들은 작가로서의 변신을 만들어갈 수 있다. 오전 시간을 확실히 내 시간으로 만들며 1꼭지 쓰기 성공할 수 있는 원칙을 정리해 보면 다음과 같다.

첫째, 아이들이 일어나기 전에 1꼭지를 쓴다.

나의 아이들은 초등 5학년, 4학년이다. 이 정도 나이에서도 아이들이 일어나면 꼭지 글쓰기는 힘들어진다. 챙겨주어야 할 것들이 많기 때문이다. 아이들 먹이고, 수업 듣는 것 도와주는 것만 해도 시간이 부족하다. 만약 아이들이 더 어리다면, 1꼭지 글쓰기가 거의 불가능하다고 할 수 있겠다. 그래서 최대한 시간을 확보할 수 있는 때가 바로 아침, 아이들이 일어나기 전 시간이다. 이 시간만큼은 확실히 꼭지 글 쓰는 데 투자해야 한다. 괜히 집안일 시작하면 글 쓰는 시간을 잃을 수 있다. 일어나 거실로 나와서 물 한잔 마시고, 바로 글쓰기 시작하는 것이다. 아이들이 일어나기 전에 1꼭지 쓴다는 것, 책 쓰는 엄마들은 잊으면 안 된다.

둘째, 1꼭지 쓰기가 가장 중요한 일이라고 정하자.

엄마들의 글 쓰는 장소가 주로 집 안이다 보니, 자꾸 해야 할 집안일들이 눈에 들어온다. 장소를 바꿀 수 없는 상황일 때, 단호해져야 한다. 할 일이 눈에 보이더라도, 지금 가장 중요한 것은 집안일보다 1꼭지 글쓰기란 사실을 스스로 인지하는 것이다.

셋째, 의식 책은 10분이라도 읽고 시작해라.

책 쓰기에 고비는 여러 번 찾아온다. 고비가 있을 때, 포기하기에는 책 쓰기에 대한 가치가 너무 크다. 슬기롭게 그 고비를 넘기는 것이 필요한데, 의식 책을 읽는 것이 도움이 많이 된다. 의식이 곧 현실이라는 말이 있듯이, 의식을 강하게 할 수 있는 책을 한 권 정해서 매일 10분이라도 읽으면서 1일 1꼭지 쓰기 성공하길 바란다.

넷째, 개요 쓰기 하면 1꼭지 쓰기 속도가 붙는다.

개요 쓰기는 1꼭지 쓰기 전에 하는 것을 권한다. 개요 쓰기를 통해서 1꼭지 쓰기를 빠르게 쓸 수 있다. 쓰다가 옆길로 빠지지도 않으면서 내가 하고 싶은 말을 다 쓸 수 있다. 그래서 처음에는 시간이 걸리더라도, 서론-본론-결론에 맞추어 개요를 쓰고 1꼭지 빠르게 써내길 바란다.

다섯째, 새벽 기상에 도전해라.

나는 본격적인 독서 1년 뒤부터 독서를 위해 새벽 기상에 도전했다. 누구보다 잠이 많았지만, 직장 맘으로 시간을 확보하기 위해 새벽 기상을 시작하게 되었다. 지금은 독서 이상으로 새벽 기상이 나의 삶을 바꾸었다고 생각한다. 새벽 기상으로 많은 아이디어를 얻었고, 책 쓰기를 하겠다는 결단을 내렸다. 탁월한 사람들의 대부분은 새벽 기상을 한다. 내가 새벽 기상을 해보니, 탁월할 수밖에 없는 이유가 새벽 시간에는 있다. 귀한 새벽 시간, 만약 이 시간만 확보할 수 있다면 인생을 바꾸는 일들이 일어날 것이다. 물론 1꼭지 쓰기도 새벽 시간에 확실히 챙길 수 있게 된다.

여섯째, 새벽 기상 시간을 조금 당기면 시간을 번다.

새벽에 일어나면 오전 시간이 길어진다. 2시간 이상 늘릴 수 있다. 2시간이면, 조금만 시간을 더 보태면 1꼭지 쓸 수 있다. 그리고 새벽 시간의 특별함, 잠재의식 활용, 집중력 향상으로 1꼭지 쓰는 시간을 단축시킬 수도 있다. 여러모로 새벽 기상에 도전하면 좋을 것이다. 새벽 기상의 한 가지 팁이 있다. 새벽 기상이라고 하더라도 수면량을 줄이지 않는 것이다. 새벽 시간 활용으로 오전 시간 1꼭지 쓰기 무난히 달성된다.

엄마들의 책 쓰기 최고의 비법은 오전 시간에 1꼭지 쓰기이다. 오전 시간 1꼭지 쓰기를 달성한다면 빠르게 초고 완성까지 이어갈 수 있다. 엄마들의 일상은 항상 바쁘다. 가장 큰 이유는 역시 아이들이다. 특히, 요즘처럼 코로나바이러스로 학교도 거의 가지 않는 상황에서는 엄마들은 더욱 바쁘다. 더 바쁘다고 책 쓰기를 뒤로 미룰 수는 없다. 바쁘면 바쁜 대로 방법과 비법들이 있게 마련이다. 상황에 나를 맞추지만 말고, 내가 하려는 목표에 상황과 나를 바꾸어 조금씩 바꾸어 나가면 되는 것이다. 바쁜 엄마들은 오전 시간에 1꼭지 쓰기를 완성하려고 노력해야 한다. 아이들이 일어나기 전 1꼭지를 마무리하자. 또한 새벽 기상 도전으로 오전 시간을 좀 더 늘리는 노력도 해보자. 오전 시간, 최대한 1꼭지 쓰기 완성하여 초고완성을 달성하길 바란다. 초고완성만 되면 그 이후에 책은 반드시 세상에 나오게 되어 있다.

제5장

당신이 엄마라면 책을 쓰라

아이만 키우면 지친다

아이들은 요즘 방학 중이다. 코로나 상황이라 방학 전이나 중이나 크게 변화된 것은 없다. 여전히 아이들은 천방지축. 정신 내놓고 뛰어다니는 망아지처럼 혼을 뺀다. 방학을 위해 한쪽으로 치워 둔 TV를 끄집어냈다. 아이들도 지루함을 달랠 수 있고, 나 역시 낮 동안의 시간에 한숨 돌리기 위해서이다. TV 시청도 잘만 조절하면 아이들에게도 유익한 공부의 도구가 된다. 하지만 한 번 보면 끄기가 쉽지 않다는 단점이 있어 그동안 한쪽으로 치워두었는데, 이번에는 잘 조절해서 유익한 도구가 되기를 바라면서 재설치를 했다. 아이들의 환호성을 들으면서 TV 설치를 했다.

좋은 의도로 설치한 TV, 이것이 또 아이들 싸움의 화근이 된다. 서로 리모컨을 잡겠다는 싸움이다. 아들은 초등학교 6학년, 밑에 딸은 초등 5학년이다. 아들이 주로 리모컨을 잡고 놓지를 않는다. 화장실에 갈 때도 가지고 가려고 한다. 자칫 실수하면 변기에 빠진다고 극구 말린 잔소리가 없었다면, 분명 화장실에 가지고 들어갔을 것이다. 리모컨을 사수하기 위해서 화장실도 참는지 모르겠다. 다소 욕심이 많은 아들, 조금은 더 너그러운 성향의 딸이 한번은 화를 낸다.

"오빠는 왜, 혼자서 리모컨을 가지고 있어, 나도 보고 싶은 것 볼래."

이렇게 선전포고가 시작되고, 둘은 티격태격 싸움을 시작했다.

"너희들은 무엇이든지, 싸움의 원인이 되냐? 한 번씩 사이좋게 사용하면 될 것을, 왜 그렇게 싸우고 그래?"

나도 참다못해, 고함을 질렀다. 누구나 리모컨 잡고 자기가 원하는 프로그램을 보고 싶다. 그 심정 충분히 이해할 수 있으련만, 아들이 고집을 부려 결국 싸움까지 벌어지는 상황까지 간다. 딸도 이제는 지지 않는다. 처음에는 2살 많은 오빠한테 뭣도 모르고 당하더니만, 이제는 가만히 있지 않는다. 딸이 불합리한 것을 용인하지 않게 된 이후, 싸움은 더욱 잦아졌다. 아들도 동생의 반격에 당황하면서, 오빠라고 지지 않으려 한다. 곳곳에 싸움의 원인이 도사리고 있으니 하루하루 조용할 날이 없다. 될 수 있으면 나는 개입을 하지 않으려고 한다. 둘이 알아서 해결하기를 바라는 편인데, 그래도 요즘은 싸움이 잦아져 나도 모르게 혼을 내게 되는 경우가 많아지고 있다. 혼을 내고 나면, 나는 기운이 빠진다. 아이들 하루 3끼 먹이고 온라인 수업 봐주고, 운동도 데리고 다니는 것만으로도 과부하에 걸리는데 싸움 중재까지, 이렇게 지쳐서 어떻게 해야 하나? 싶다.

그래도 아침이 되면 다시 살아나는 느낌이 든다. 전날, 아이들과 부딪힌 피곤함이 남아 있지만 새롭게 에너지가 채워진다. 아이들이 일어나기 전까지의 시간은 오로지 나만의 시간이 된다. 이 시간에 나는 책을 읽고 쓴다. 책에는 수많은 이야기와 메시지들이 들어있다. 책을 읽음으로써 힐링도 한다. 정보를 얻는 것은 물론이며 살아갈 힘이 다시금 솟는다. 그런 기운을 담아 1꼭지 글을 쓴다. 아이를 키우면서 갖는 에피소드가 글이라는 것으로 녹아내려 간다. 만약 글 쓰는 아침 시간이 없었다면, 육아하면 좋은 것보다는 힘든 것을 먼저 생각했을지 모른다. 하지만 힘든 가운데에서 깨닫는 많은 배움을 적으면서 더욱 명확하게 인식하게 된다. 그렇게 인식한 것들은 새로운 성장의 기회가 되고, 책 쓰기의 재료가 된다. 읽고 쓰는 과정을 육아라는 시간에 끼워 넣음으로 인해 육아는 새로운 기회로 발전한다.

그 힘들다는 육아를 하면서 내가 책을 쓰는 이유가 있다. 사람들은 육아만 해도 힘들다고 이야기한다. 나는 육아만 했기 때문에 힘든 것이라고 말하고 싶다. 세상에 살면서 스트레스 없는 사람은 없다. 스트레스는 누구나 가지고 살아간다. 그렇다면 우리가 해야 할 일은 스스로 그 스트레스를 풀어나가야 한다는 것. 나만의 비법이 있어야 한다. 엄마들은 육아의 스트레스를 풀 수 있는 나만의 비법을 만들어야 하는데, 그 비법이 바로 책 쓰기가 될 수 있다는 것이다. 엄마들이 친구들과 수다를 떤다고, 그것이 해소되는 것은 아니다. 차를 타고 먼 곳으로 혼자 2박 3일 여행을 다녀온다고 육아의 스트레스가 없어지는 것도 아니다. 단지, 그때뿐이다. 육아가 이루어지는 장소에서 스트레스를 풀 수 있는 방법이 필요한데, 책 쓰기가 좋은 비법이 되는 것이다. 책 쓰기는 육아 중 틈새 시간을 이용해, 장소를 이동함도 없이 언제든 할 수 있기 때문에 좋다. 그래서 나는 육아 스트레스를 해소하는 방법으로 책 쓰기를 하고 있다. 그 효과는 최고이다. 처음에는 책 쓰는 방법을 습득하는 데 투자가 필요하겠지만, 그 이후에는 몰입해서 책을 쓰며 스트레스를 날려버릴 수 있다. 운동하는 것과 비슷하다. 사실, 육아하면서 내가 책을 쓰는 진짜 이유가 더 있다. 그 이유들은 다음과 같다.

첫째, 육아만 하지 않기 위해서이다.

육아에만 올인하면 안 된다. 올인의 부작용은 여러 곳에 나타난다. 한 바구니에 담은 계란은 자칫 잘못하면 모두 잃을 수 있다. 경제 분야에서는 포토폴리오식 자산관리를 강조한다. 육아에서도 마찬가지이다. 올인한 육아에 부모도 자녀도 흔들리게 된다. 육아 외에 엄마는 다른 일도 하면서 해야 한다. 그래야 엄마도 자식도 잘 성장하고 잘 살아가게 된다.

둘째, 육아 때문에 나를 완전히 내려놓지 않기 위해서이다.

책 쓰기는 육아하면서도 얼마든지 할 수 있다. 나는 현재 휴직 중이다. 처음에는 육아휴직부터 시작했다. 육아휴직을 하면서 나는 7권의 책을 이미 썼다. 육아하면서 해낸 결과물이다. 책 쓰기, 육아하는 엄마들에게 가장 적합한 일임을 강조하고 싶다. 책 쓰기가 육아 스트레스 해법이 되기 때문에 계속 쓰게 된다. 쓰면서 몰입한 에너지로 육아도 하고, 출간이란 결과물도 얻게 된다.

셋째, 책을 읽고 써야 육아에도 도움이 된다.

육아에는 육아만의 스트레스가 있다. 자식을 키우는 일은 행복한 일이지만, 키우는 과정에서 남모를 고통이 함께함을 엄마들은 알고 있다. 하루 24시간, 옆에서 키워봐야 속속들이 육아 스트레스를 이해할 수 있다. 이런 스트레스, 그대로 두면 엄마에게도 아이들에게도 좋지 않다. 잠시 잠깐 스트레스 해소가 아니라 꾸준하게 스트레스를 푸는 방법을 찾는 것이 필요한데, 그 방법으로 책 쓰기가 될 수 있다는 것이다. 육아하면서 떨어진 자존감을 세워주는 최고의 방법, 책 쓰기로 스트레스 풀고 육아도 더욱 기운 내서 잘할 수 있다.

넷째, 진정한 성장을 통해 역할 모델이 되는 엄마가 된다.

육아의 시간이 있었기에 나는 제대로 성장할 수 있었다. 옛말에 아이를 낳아 키워보기 전에는 어른이라고 할 수 없다는 말이 있다. 아이를 낳고 기르는 힘든 과정을 경험해야 제대로 성장한다는 의미일 것이다. 맞는 말이다. 아이를 낳고 키우는 과정에서 나는 많은 발전이 있었다. 더 잘 키우기 위해 다독가가 되었고, 내가 아는 것을 강요하고 내가 아는 것을 공유하고 작가도 되었다. 그리고 지금도 더 성장하고 나누기 위해 매일 책 쓰기를 하는 사람이 되었다. 아이는 이런 나를 보고, 작가가 되고 싶다는 꿈을 꾼다. 육아만 하는 엄마가 아니라, 아이의 역할 모델이 될 수 있는 엄마가 된 것이다.

다섯째, 육아의 시간도 소중한 나의 삶이다.

육아만 하다가 나의 삶을 그냥저냥 보내고 싶지 않았다. 육아의 시간은 특별하고 가치 있는 경험으로 나의 삶을 변화시키는 하나의 계기가 된다고 정의 내린다. 항상 중심에 내가 있어야 한다. 엄마도 한 인간이다. 성장의 욕구를 가지고 그 욕구를 달성하는 한 인간으로서의 자신의 모습을 사랑하기를 바란다. 진정 자신이 행복해야 아이도 가족도 행복해질 수 있다. 비록 힘든 면이 있지만, 육아의 시간도 소중한 나의 삶의 일부라는 것을 잊지 마라.

아이만 키우면 지친다. 제발 아이만 키우지 말기를 바란다. 아이에게 모든 것을 올인하다 보면, 한 바구니에 담은 계란처럼 어느 날 앗! 하는 순간 무너져 내릴 수 있다. 아이만을 키우기 때문에 육아가 그동안 힘들었다는 사실을 깨달아야 한다. 아이를 키우면서 오는 스트레스는 관리해 주어야 한다. 가장 좋은 방법은 언제, 어느 곳에서나 사용할 수 있으면서, 육아 때문에 잃은 엄마의 자존감을 세워 줄 방법이면 좋겠다. 그 방법이 바로 책 쓰기이다. 책 쓰기, 나는 해당 사항 없다고 생각지 말기를 바란다. 나도 2년 전까지만 해도 그렇게 생각했는데, 지금을 보면 2년 전 그 생각이 완전히 잘못된 생각이었음을 알게 된다. 나는 책 쓰기와 거리가 먼 사람이었다. 하지만 육아를 통해서 시간, 장소를 불문하고 육아의 해결법을 찾아 결국 읽고 쓰는 사람이 되었다. 나는 강조하고 싶다. 책 쓰기 해야 할 가장 적합한 사람이 바로 아이를 키우는 엄마라는 것. 자존감 상승은 기본이요, 경력이 단절되었다면 경력을 다시 이을 기회도 마련할 수 있다. 가장 중요한 육아 스트레스도 풀 수 있다. 모든 면에서 엄마들이 책을 써야 함을 빨리 인지했으면 한다. 이제, 아이만 키우지 말고 책 쓰기를 함께 하시길 강조한다.

엄마의 삶이 있어야 육아도 잘한다

나는 엄마이지만, 작가이다. 아이들이 잠에서 일어나기 전까지의 시간이 나에게 글을 쓰고 쓴 글을 다시 수정하는 귀한 시간이 된다.

1꼭지 쓰기 - 09:00~10:30
원고 퇴고하기 - 10:30~11:00

방학이라 늦잠 자는 아이들, 아이들 기상 시간을 계산하면서 나의 작업 시간 계획을 세운다. 내가 글을 쓰는 시간은 아이들의 스케쥴에 따라 길어지기도 하고 줄어들기도 한다. 요즘 방학 같은 경우에는, 늦잠을 자도록 그냥 두는 편이기에, 나의 글 쓰는 시간은 늘어났다. 새벽에 일어나서 독서부터 시작하고, 독서한 글귀 인스타그램에 올리고 나면, 본격적인 글쓰기가 시작된다. 우선은 하루 중 가장 중요한 일이라고 정한 1꼭지 쓰기를 한다. 그리고 출판사와 퇴고 중인 원고 수정작업에 들어간다. 거의 매일 이런 생활 패턴이 이어지고 있다.

책을 쓰고, 원고를 퇴고하는 시간은 엄마인 나에게 휴식과 같은 시간이다. 엄마로서의 시간에 가뭄의 단비와 같은 소중한 시간이다. 이 시간이 있었기에 나는 엄마라는 역할도 더 잘 할 수 있다. 남들은 이야기한다. 애 키우면서 왜 그렇게 힘들게 책까지 쓰냐고. 하지만 아니다. 책 쓰는 시간, 원고를 퇴고하는 시간이 있었기에 육아를 할 힘을 얻게 되었고, 아이들을 더욱 챙기게 되었다. 아마도 몰입 쓰기를 함으로써 새로운 에너지를 얻기 때문인 것 같다.

어느 날 주말, 남편이 아이들 둘을 데리고 시골로 내려갔다. 나에게 오랜만에 이틀의 시간이 생겼다. 이 시간에 밀린 퇴고와 글쓰기를 하리라 단단히 각오했다. 너무 오랜만의 자유 시간이다. 나만의 시간을 주체하지 못하고 TV 리모컨을 잡게 되었다. 아주 잠시만 머리를 식히자는 명분아래 나의 유혹에 넘어가 버렸다. 시간은 잘도 흘러간다. 한 시간이 흐르고, 2시간이 흐르고, 처음에는 시간의 흐름을 감지했지만 TV에 빠져들면서 느끼지 못하게 되었다. 시간 가는 줄 모르고 많은 시간이 하염없이 흘러갔다. 5시간이 지난 후에 나는 정신을 차렸다. 밖을 보니 벌써 어둑어둑, 밤이 되었다. 야무진 나의 결심, 글쓰기와 퇴고는 물 건너 가버렸다. 아무리 시간이 넉넉하더라도 나 자신을 위한 귀한 시간을 만들지 못할 수도 있고, 육아와 같이 잠시 틈도 없이 바쁜 상황에서도 나 자신을 위한 시간을 얼마든지 만들 수 있다는 것을 깨달았다.

책 쓰기가 육아도 엄마 자신의 삶도 동시에 챙길 수 있는 가장 좋은 비법이다. 책을 쓰는 것이 왠지 나와는 상관없는 일처럼 느껴진다. 그것은 글쓰기와 워낙 먼 생활을 했기 때문이다. 짧은 글은 그래도 쓰겠는데, A4 2장은 쓰기 어렵다고 생각하는 경우가 많다. 첫 책을 쓴 모든 작가도 처음 책을 쓸 때 역시 그렇게 생각했다. 나도 마찬가지였다. 그럼에도 불구하고 첫 책을 쓰고, 또 책을 쓰면서 책 쓰는 엄마로서 살아간다. 해보지 않고 미리 한계를 짓지 말았으면 한다. 하면 된다는 긍정적인 생각으로 책 쓰기를 시작하는 것이다. 시도조차 하지 않고, 포기하는 바보 같은 짓은 우리 엄마들은 하지 않았으면 한다. 책 쓰기를 포기하기에는 그 어떤 사람보다, 특히 엄마들에게 있어서 책 쓰기의 가치가 크다.

엄마들이 책을 써야 하는 이유 중 하나는 책 쓰는 시간이 고된 육아의 완충 역할을 한다는 것이다. 책을 쓰는 동안은 엄마들은 그 일에 집중할 수 있다. 집중함으로 육아의 고단함으로부터 잠시 벗어난다. 벗어날 뿐 아니라, 집중함으로 얻는 엔도르핀으로 육아 스트레스를 날려버린다. 하루에 한 번씩, 최소한 2~3시간씩 책을 쓰는 집중의 시간으로 오히려 육아의 힘이 생겨난다. 그럼, 엄마들이 책을 읽고 씀으로써 육아를 더 잘하는 계기가 되는 이유를 구체적으로 알아보겠다.

첫째, 책을 쓰면서 엄마들은 자아를 찾는다.

책을 쓰는 것은 자신의 과거 경험에서 주로 글감을 찾는다. 물론 현재 상황에서 글감을 찾기도 하지만, 과거를 돌이켜 되짚어보고 찾는 경우가 많다. 그렇게 과거를 자꾸 회상하면서, 과거의 응어리들이 풀리는 계기가 되기도 한다. 그리고 잊었던 나의 모습을 찾기도 한다. 결국, 책 쓰는 것을 통해서 자신의 진짜 자아를 찾는 시간을 가지게 된다. 자신을 제대로 알고 자신의 장·단점을 살려 육아에 그것들을 적용한다. 장점은 살리고 단점은 조심하면서 아이들이 잘 자랄 수 있도록 하는 것이다.

둘째, 집중하는 시간을 통해서 스트레스를 푼다.

스트레스는 만병의 근원이라 했다. 엄마의 스트레스는 아이에게 큰 영향을 미친다. 엄마라면 자신의 심리적 상태인 스트레스를 원활하게 해소할 수 있도록 해야 하겠다. 이 스트레스를 푸는 방법은 여러 가지이겠지만, 집중의 시간을 갖는 자체가 주는 만족감 또한 스트레스를 푸는 좋은 방법이 된다. 읽고 쓰면서 밀도 있는 시간을 보내고 나면, 머리가 오히려 개운해지는 느낌을 받는다. 이것으로 스트레스는 풀리고, 아이들이 예뻐 보이기 시작한다.

셋째, 성장의 시간이 된다.

읽고 쓰는 것만큼, 나의 성장을 보장하는 것은 없다. 읽은 내용을 나의 말로 다시 쓰게 되면, 대부분 나의 것이 된다고 봐야 한다. 읽고 그대로 책을 덮어버리기 때문에 기억이 안 나는 것이다. 기억이 되지 않은 것은 나의 삶으로도 이어지지 않을 가능성이 높다. 이럴 때, 읽은 감동적인 문구를 나의 글감으로 가지고 와서 나의 메시지와 함께 쓴다면, 그것은 바로 나의 삶이 될 것이다. 이렇게 쓰는 순간 성장이 일어나게 된다.

넷째, 내면이 변화된다.

성장은 내면의 성장을 말한다. 읽고 씀으로써 내면의 성장이 일어난다. 과거의 나와 현재의 나, 확연히 달라져 있는 것을 발견한다. 나도 책을 쓰기 전과 쓰고 난 후의 모습이 많이도 변화되었다. 다소 짜증나는 때가 불현듯 찾아올 때도, 자신을 다스리려 노력한다. 기분에 좌지우지되지 않으려 노력하는 엄마가 되었다. 말하는 법, 사람 대하는 법, 생활하는 법 하나하나에서 원칙을 정해 아이들에게 긍정적인 영향을 주려고 신경을 쓰는 엄마로 변해 가고 있다.

엄마의 삶, 육아하면서 함께 챙겨야 한다. 그렇게 엄마 스스로 챙긴다면, 육아도 더 잘하게 된다. 엄마들은 오로지 아이들 염려와 걱정, 아이들 챙기기만 바쁘다. 그렇게 함으로써, 엄마들은 정신적으로 육체적으로 지쳐간다. 아이들을 챙기되, 엄마의 삶도 챙겨야 한다. 엄마의 집중하는 시간을 가짐으로써 육아도 더욱 잘할 수 있다. 엄마의 집중하는 시간 갖는 방법으로 책 쓰기를 나는 권한다. 책 쓰기가 육아로 지친 마음에 활력이 될 것이다. 초고가 완성되어 가는 기쁨을 느끼면서, 아이들이 더욱 사랑스럽게 느껴질 것이다. 또한 책을 씀으로써 내적으로 성장하고 육아 스트레스를 풀면서, 엄마들은 육아에 자신감도 가지게 된다. 책 쓰는 엄마, 육아도 술술 잘 풀려가게 될 것이다.

아이 키우기와 책 쓰기는 찰떡궁합이다

아이가 어리나 크나 엄마들은 각 시기별로 고충을 가진다. 아이가 태어나기 전에는 혼자만 잘하고 살면 되었다. 나름 잘했다고 생각했는데 좋지 않은 결과라 하더라도 혼자 감수하면 되었다. 내가 잘못해서, 내가 부족해서, 그러려니 하고 불이익 받고 그냥 넘어간다. 하지만 아이가 있다면 그렇게 할 수 없다. 왜냐하면 나로 인해 아이의 인생이 영향을 받기 때문이다. 그래서 더 잘하려 하고 더 신경을 쓰게 된다. 누군가는 이야기한다. 아이가 어리면 육체적으로 힘들고 아이가 크면 정신적으로 힘들다고. 차라리 육체적으로 힘든 지금이 더 낫다고 말한다. 한편으로는 지금 육체적으로 힘들더라도, 그나마 행복하다고 생각할 수도 있겠다. 어찌하였던 엄마들은 양육의 스트레스에서 완전히 벗어나는 때는 없을 것 같다.

그래서 이런 양육의 스트레스를 풀기 위해 여러 방면으로 노력한다. 어떤 엄마들은 운동을 한다. 육아도 체력전이라는 전제하에 남편이 봐주는 시간에는 헬스장을 간다. 또 어떤 엄마들은 마음의 수양을 위해서 명상수련원을 찾기도 한다. 명상이라면, 스스로 마음을 다스리는 공부이기에 엄마들에게도 아주 필요한 부분이라 생각할 수 있다. 아이들이 집 안을 난장판으로 만든 상황에서 명상 공부가 그 역할을 톡톡히 할 수 있다. 하지만 이런 방법들은 집을 떠나 또 다른 장소로 이동해야 한다. 그렇기에 특별히 시간을 내서 해야 한다는 것이다. 집 안에서도 육아하면서 짬짬이 시간이 날 때도 할 수 있는 엄마들의 일은 책을 가까이하는 것이라 말하고 싶다. 책을 읽고, 책을 쓰는 일이다. 처음에는 가볍게 읽는 것부터 시작해서, 책 쓰기도 도전하는 것이다. 시간이 많을 때 종종 헬스장도 가고 명상수련원도 가되, 집 안에서는 언제든지 할 수 있는 일, 읽고 쓰는 것을 하길 권한다.

책 쓰기가 엄마들에게 최고 궁합이 되는 이유는 여러 가지가 있겠다. 그중에서 가장 중요한 3가지를 말하자면, 첫째는 모든 엄마가 겪는 육아 스트레스를 책 쓰는 몰입의 시간으로 날려버릴 수 있다는 것이다. 둘째는 몰입의 시간으로 새로운 타이틀을 딸 수 있다는 것, 마지막 세 번째는 엄마의 성장뿐 아니라 아이의 성장에도 영향을 미친다는 것이다.

아이들은 요즘 방학이다. 방학이면 아이들은 늦잠을 많이 잔다. 학교에서 내주는 온라인 과제도 없겠다, 마냥 마음이 늘어지는 것이 어쩔 수 없는 모양이다. 어른도 마찬가지이다. 다음날이 출근하지 않는 주말이라면, 마음도 몸도 여유로우면서 늦잠을 즐기게 된다. 간혹 이것이 잦아지면, 소중한 주말 시간이 없어질 수 있기에 스스로 주의함이 필요하겠다. 아이들이 늦잠을 자는 시간은 엄마들이 몰입할 수 있는 시간이다.

나는 이 시간에 책을 읽고 글을 쓰는 시간으로 활용한다. 식탁에서 노트북을 켜고, 스탠드 아래에서 1꼭지 글을 쓴다. 그 전에 간단히 의식 책도 읽는다. 주로 아침마다 읽는 책은 네빌 고다드의 책으로, 의식을 강하게 무장하는 책으로 아주 적절하다. 상상한 것이 현실이 된다는 네빌 고다드의 메시지가 적용되지 않는 일이 없다고 생각될 정도로 나는 그의 메시지에 공감한다. 생활 곳곳에서 이 메시지를 적용해서 내가 원하는 목표를 달성하려고 한다. 네빌 고다드의 책을 짧게 읽고, 인스타그램에 읽은 문장과 감상을 공유하는 글을 올린다. 그러고 나서 나는 본격적인 1꼭지 쓰기에 들어간다.

연구한다는 마음으로 나는 1꼭지 글을 쓴다. 매일 1꼭지씩 글을 쓰기로 한 이후, 거의 2년 가까이 그것을 실천하고 있다. 그래서 여러 권의 책도 출간하게 되었다. 이런 경험으로 다작의 최고 방법이 바로 하루 1꼭지 쓰기임을 인지하게 되었다. 누구나 다작하는 작가가 될 수 있다. 하루 1꼭지 쓰기, A4 2장 쓰기는 습관만 되면, 시간을 점점 줄이면서 1꼭지를 쓸 수 있다. 1꼭지 쓰기의 시간은 1꼭지 쓰기를 좀 더 쉽게 하는 방법을 발견하기 위해 연구하는 시간이다. 1꼭지 쓰기, 초고완성의 핵심인 그 1꼭지 쓰기를 나는 매일 연구한다. 내가 아직 쉽지 않기 때문이기도 하지만, 내가 그 방법을 제대로 발견하여 책을 쓰고자 하는 사람들에게 쉽게 쓰는 방법을 알려주고 싶다. 1꼭지 쉽게 쓰고, 버킷리스트인 책 출간을 누구나 하기를 바라고 있다. 1꼭지 쓰는 시간은 몰입의 시간이 된다. 몰입의 시간의 결과물도 바로 눈으로 확인이 된다. 1꼭지 쉽게 쓰는 방법이란 내용들이 쌓여가고, 오늘 쓴 1꼭지 글 또한 늘어간다. 이 자체만으로 나는 육아의 스트레스를 잊어버린다.

2018년 12월 9일, 첫 책 쓰기 시작할 때이다. 이날은 나의 뇌리에 영원히 남아 있을 것 같다. 새롭게 태어난 날이기에 이날은 나의 새로운 생일이다. 이날로 인해 나는 새로운 사람이 되었다. 바로, 작가라는 타이틀을 가지게 된 것이다. 작가라는 타이틀로 나는 어디 가서든, 나의 책을 알고 있는 사람들로부터 "작가님"이란 호칭을 듣는다. 인생 첫 책을 쓰기 전, 아이 키우면서 나는 매일 책을 읽었다. 육아서를 150권 이상 읽고 나서 나도 다른 작가들처럼 나의 경험을 공유하고 싶다고 생각했다. 그렇게 나도 당당히 작가가 되었고, 지금도 열심히 공유할 책들을 쓰고 있는 다작하는 작가가 되었다. 책을 써보니, 한 가지 주제로만 쓴다는 것이 어려워졌다. 왜냐하면, 책이란 나의 삶을 재료로 쓰기 때문이다. 나의 삶이 다양한 만큼, 책의 주제도 다양할 수밖에 없다. 그러니 써야 할 책도 많아졌다. 삶이 곧 책이기에 앞으로의 삶도 책으로 나올 것이다. 이 얼마나 흥분되는 일인가? 그 어떤 일보다, 인생 최고로 재미있는 일이 바로 책 쓰기가 되는 것이다.

엄마들이 책을 쓰게 되면, 결국 아이들이 최고의 수혜자가 된다. 왜냐하면, 책 쓰는 과정 자체가 엄마로서 성장하는 공부 과정이기 때문이다. 성장한 엄마는 아이 육아에서도 다른 모습을 보인다. 쓰기 전 독서를 통해서 새로운 것들을 알게 된다. 아무리 나이가 들어도 모든 경험을 다 할 수는 없다. 우리는 장소의 한계, 시간의 한계를 가지고 있는 인간이기 때문이다. 내가 못 한 경험을 책을 통해서 얻게 되는 것이다. 내가 경험해 보지 못해서 머리에 없는 정보들을 책이라는 외부 저장소를 통해서 공급받게 된다. 하지만, 많은 정보를 접한다고 다 아는 것은 아니다. 그것을 나의 삶으로 가지고 올 수 있는 것은 더욱 아니다. 이럴 때 쓰기를 한다면 상황이 달라진다. 읽고 쓰고, 이런 과정을 통해서 삶에서 중요한 핵심 이론, 정보들을 머리에 저장할 수 있고 삶에 활용하게 된다. 그렇기에 엄마들은 유식해지고, 지혜가 늘어난다. 나이 많은 엄마인 나는 나이만 많았지, 육아에 대해서는 아무것도 모르는 초보운전자와 같았다. 하지만 육아서를 읽으면서, 육아의 세계를 접수하게 되었고 육아에 대해 똑똑해진 듯하다. 나름의 내 아이 키우는 방식과 철학도 생겼다. 나는 그 세계를 완전 접수하기 위해 매일 읽고 쓰고 있다. 내가 읽고 쓰면서 변화되어 갈수록, 아이들은 더 많은 영양가 있는 환경을 제공받게 되고, 아이들도 성장의 자극을 받게 된다. 육아에 정답은 없지만, 책 쓰는 엄마들은 긍정적인 환경이라 판단하는 것들에 아이들을 매일 노출시키게 되는 것이다.

아이 키우기와 책 쓰기는 찰떡궁합이다. 엄마가 하는 일이라면, 아이에게도 긍정적인 영향을 미칠 수 있는 것이면 금상첨화이다. 엄마에게 좋고, 아이에게도 좋은 일이 최고의 일이라고 할 수 있겠다. 이 조건에 딱 맞아떨어지는 것이 책 쓰는 일임을 엄마들이 깨닫기를 바란다. 책을 씀으로써, 엄마들은 육아의 스트레스를 풀 수 있고 몰입의 시간도 가질 수 있게 된다. 몰입 시간의 열매인 작가라는 타이틀도 생긴다. 이 작가라는 타이틀이 엄마들에게 선물할 기회들은 무궁무진하다. 집에서 아이를 키우면서 와신상담, 인생 2막을 준비하게 되는 것이다. 이런 엄마들의 변신은 고스란히, 아이들의 성장환경이 된다. 이런 책 쓰기를 엄마들이 하루라도 빨리 시작하기를 바란다. 나는 재차, 강조한다.

"엄마들이여, 책을 써라. 아이들에게 긍정적인 성장환경을 제공할 뿐아니라, 육아 스트레스 해소는 물론, 제 2의 인생을 준비하며 성장하는 멋진 엄마가 될 수 있다."

책 쓰는 엄마, 아이가 보고 있다

    아들은 아침에 일어나자마자, 식탁에 앉아 수학 문제를 푼다. 나 역시 식탁에 앉아 일하고 있는데, 작업하는 노트북 뒤로 아이의 머리가 보인다. 제법 열중하고 있다. 괜히 말 걸기도 조심스럽다. 나는 노트북으로 1꼭지 글쓰기를 하고 아이는 수학 문제를 풀다가 이제 국어 문제도 풀어나간다. 이렇게 아이가 아침 기상 후 바로 공부하기 시작한 것은 얼마 되지 않았다. 보기에 흐뭇하다. 공부를 다 한 아이는 나에게 말했다.

    "엄마, 미리 공부해 놓으니까 마음이 개운해. 엄마한테 야단 들을 일도 없고 좋아."

    아이는 어느 순간, 엄마의 말대로 해보았다고 한다. 아침에 일어나자마자 중요한 일을 해두면 하루가 쉬워진다는 그 말대로 아이는 그날부터 자신에게 중요한 일인 공부를 먼저 하기로 했다고 한다. 물론 마음 한편으로는 엄마에게 잔소리 듣기 싫어서 그렇게 한 것도 있을 것이다. 하지만 막상 엄마의 말대로 해보니 그것이 좋다는 것을 발견하게 된 것이다. 아이는 또 말한다.

"엄마는 내가 일어날 때마다 책을 읽거나 책을 쓰고 있어. 그래서 나도 엄마처럼 해보고 싶다고 생각했던 것 같아."

책 출간한 것보다, 아들의 이 말이 나를 더 기쁘게 했다. 아침마다 읽고 쓰는 엄마의 모습이 아이의 뇌리에 박혔다면, 그것처럼 좋은 것이 없다고 생각한다. 아이가 엄마를 떠올릴 때 책과 함께하는 엄마의 모습, 노트북을 켜놓고 책을 쓰는 엄마의 모습을 떠올린다면 언젠가는 그것이 아이의 삶에 반드시 영향을 미치지 않을까 기대한다. 어쩌면 엄마의 모습대로 아이가 기상 후 읽고 쓰는 일을 할지 모른다. 아이에게 엄마의 모습은 강력한 동기부여이자 배움이 되기 때문이다.

엄마가 책을 쓴다면, 아마도 아이를 염두에 두고 시작하는 것일 것이다. 왜냐하면, 엄마에게 아이는 가장 소중한 존재이기 때문이다. '모성애'라는 말이 있듯이, 아이를 낳아보니 나의 모든 일을 아이와 연관해서 생각하고 판단하게 되었다. 나뿐 아니라 세상의 모든 엄마가 그럴 것이다. 아이에게 가장 소중한 것을 주고 싶고 내 품에 있는 동안, 최대한 좋은 것들을 익혀 세상에 내보내고 싶은 것이 엄마의 마음이다. 이런 마음을 나도 엄마이기에 쉽게 이해할 수 있다. 그래서 나는 엄마들에게 소중한 나의 아이들을 위해서라도 책을 쓰라고 강조하고 싶다. 책을 써보니, 읽을때만 할때는 몰랐는데, 책을 쓸 사람은 누구보다 바로 엄마들이라는 생각이 든다.

엄마의 모든 것을 아이는 닮는다. 어느 날 문득, 아들이 엄마인 나의 모습으로 빙의했나 싶을 정도로 닮은 모습을 보인 적이 있었다. 그것은 딸아이를 혼내는 아들의 모습이었다. '아구, 지겨워라. 너는 이것도 제대로 못하니?'라는 말이 아들의 입에서 튀어나왔다. 그 말을 듣는 순간, 내가 아이들에게 가끔씩 한 말임을 깨닫게 되었다. 아들은 그 말을 만만한 동생에게 하고 있었다. 말뿐 아니라, 행동하는 것도 마찬가지이다. 많은 부분, 나의 모습을 닮고 있다. 특히 아들은 엄마 껌딱지라는 별명을 듣고 있는데, 그런 상황에서 더욱 잘 흡수되는 듯했다. 엄마의 나쁜 부분 말고 좋은 부분도 아이들은 닮게 된다. 그래서 아이는 아침마다 읽고 쓰는 나의 모습을 흉내 내게 되었다. 아이는 엄마의 모든 것을 닮아가고 있는 것이다. 엄마들이 좋은 모습을 더 많이 보여주어야 하는 이유가 여기에 있는 것이다.

아이가 책을 가까이하기를 바란다면, 엄마가 책을 쓰면 가장 확실하다. 책 쓰기는 읽고 쓰는 과정이 함께 들어가게 된다. 아이는 엄마가 요리하고 집안일하는 것 외에 책을 읽고 쓰는 모습도 함께 보게 된다. 이것은 아이의 뇌리에 깊이 각인되어, 나이가 들어서도 책과 함께하는 아이가 될 수 있다.

책 쓰기를 엄마들이 한다면, 아이에게 결정적인 성공 도구를 대물림하게 된다. 책 쓰기는 읽고 쓰는 기능을 익히게 한다. 읽는 것을 습관으로 만들고 글 쓰는 것을 나의 의사소통 방법으로 추가하는 일이다. 책 쓰기를 꾸준히 함으로써 읽고 쓰는 것은 그 누구보다 잘하게 된다. 읽고 쓰는 것뿐만 아니라 부차적으로 얻는 효과는 크다. 읽고 씀으로써 사색의 기능이 발달하고, 창의적으로 무엇인가를 만들어 낼 수 있는 능력도 계발된다. 하버드대학에서도 리더를 만들기 위해서 그 어떤 과목보다 글쓰기를 강조한다. 이미 그 대학에서도 글쓰기가 주는 효과에 대해서 오래전부터 인정하고 가치를 인정한 만큼, 대학 자체에서 글쓰기 시스템을 만들어 두었다. 리더의 자질, 학원에서도 얻지 못할 그것을 꾸준히 집에서 글쓰기를 함으로써 얻을 수 있다. 이런 밑바탕을 마련해 주는 것이 엄마들의 책 쓰기이다. 환경에 노출이 많이 되다 보면, 그것을 배우게 되고 그런 것들에 익숙해지기 때문에 엄마처럼 아이도 읽는 습관, 쓰는 능력을 물려 받을 수 있게 되는 것이다.

대물림은 어릴 때부터 보여주어야 가능하다. 대물림이라는 단어는 긍정적인 부분보다는 부정적인 뉘앙스로 많이 말해졌다. 예를 들어, 성인병이라고 하는 고혈압, 당뇨병, 기타 질병들은 대물림되는 경향이 있다고 이야기한다. 유전적으로 윗대부터 이어서 내려온다는 의미일 것이다. 긍정적인 부분도 당연히 대물림되어 자식에게 이어진다. 부정적인 대물림은 잘라버리고, 긍정적인 대물림은 계속 이어지도록 해야겠다. 고혈압, 당뇨병은 자신이 식이조절하고 운동, 수면 등 건강한 라이프스타일을 고수한다면 그 대물림을 잘라 버릴 수 있다. 얼마든지 가능하다. 엄마들은 어릴 때부터 아이에게 인생 값진 필살기가 될 긍정적 대물림을 꾸준히 보여 주도록 함이 좋을 것이다.

나는 생각한다. 아이들이 나와 같이 따라서 했으면 하는 것, 후세에 대물림되었으면 하는 것이 바로 책을 쓰는 것이라고. 책에는 모든 답이 들어 있다고 평소에 아이들에게 자주 이야기했다. '지금 네가 풀리지 않는 문제가 있다면, 책을 찾아봐. 그럼 답을 찾을 수 있어. 혼자서 절대 고민하면 안 돼.'라고 아이들에게 귀에 딱지가 앉을 정도로 이야기했다. 책을 읽고 가까이하는 최고의 방법은 다짐도, 각오도 아니다. 바로 책 쓰기가 될 수 있는 것이다. 내가 책을 써야지 책을 읽게 되고, 또 그것이 자극이 되어 또 책을 쓰게 된다. 읽고 쓰는 것은 선순환되는 것이기에, 둘 중 하나만 해서도 안 된다고 나는 생각한다. 책 읽는 것보다, 책 쓰는 것을 먼저 해야 한다고 강조한다. 왜냐하면 책 쓰기가 책을 읽게 하는 더 강력한 요소가 되기 때문이다. 책 쓰기를 하고 나서 알게 된 것은, 책을 써 봐야 책을 더욱 잘 읽게 된다는 것이다. 책을 제대로 읽기 위해서는 책을 써 보면 알게 되는 것이다. 그래서 지금은 책을 쓰고 읽으라고 강조하고 싶다. 아이들에게도 역시, 나는 강조한다. '책을 써야, 책을 제대로 잘 읽을 수 있단다.' 아이들은 그 뜻을 아는지 모르는지 고개만 끄덕이지만, 어릴 때부터 책 쓰는 엄마의 모습을 꾸준히 보고 듣다 보면 성장 후, 곱씹어 볼 날이 올 것이라 생각한다. 이렇게 된다면, 책 쓰기는 엄마로부터 아이에게 대물림되는 것이다.

아이는 엄마가 하는 것을 보고 큰다. 이 사실을 엄마들은 받아들여야 한다. 엄마로서 어깨가 무거워지겠지만, 이 진리는 변하지 않는다. 책 읽는 아이, 책 쓰는 아이, 엄마들의 로망이다. 내 아이만큼은 책과 친해져서, 똑똑하고 현명하게 잘살았으면 좋겠다고 생각한다. 그렇다면 엄마가 먼저 책과 친해져야 한다. 이것이 가장 확실한 방법이다. 엄마가 책을 읽고, 엄마가 책을 쓴다면, 아이도 엄마를 따라서 언젠가는 그렇게 할 것이다. 시간의 차이가 있을 뿐, 반드시 그 영향을 받게 된다. 결국 아이 키우는 원리는 바로 이것이다. 아이가 수영하기를 바란다면, 엄마가 수영을 배우면 된다. 배우면서 아이를 수영장에 데리고 간다. 수영장에서 아이는 눈에 보이는 대로, 귀로 듣는 대로 변화될 것이다. 책 쓰기도 그렇게 엄마가 먼저 한다면, 아이는 분명 책과 가까이하는 아이가 될 것이다. 자기 생각을 가지고 책을 쓰듯, 논리적으로 말도 하게 될 것이다. 중요한 것은, 책을 쓰는 주체적인 사고방식대로 아이 자신의 삶도 그렇게 살아가게 될 것이다. 이 귀한 것을 엄마들의 책 쓰기로 대물림될 가능성이 있다면, 엄마들이 책을 안 쓸 이유가 없다. 책 쓰기로 엄마도 아이도 성장하고 변화되길 바란다.

이 시대, 아이에게 책 쓰는 기술을 가르쳐라

"1, 2, 3으로 써라."

나는 아이들에게 과제를 준다. 1, 2, 3으로 말하고 쓰는 것이 그 과제이다. 책 쓰기를 하면서 서론-본론-결론 익히기가 중요함을 알게 되었다. 왜냐하면, 책이 되는 최소단위인 1꼭지 쓰기의 방법이 바로 서론-본론-결론이기 때문이다. 자기가 하고 싶은 말은 이 방식에 의해서 얼마든지 논리적으로 쓸 수 있는 것이다. 내가 어릴 때, 이 방식으로 쓴다는 것을 듣고 알고는 있었지만, 긴 글을 쓸 기회가 많지 않았기에 이것은 생활이 될 수가 없었다. 이 방식으로 자주 쓰지 않았기에 글쓰기가 어려웠는지 모른다. 그래서 아직 어린 나의 아이들에게 이것을 알려줄 방법을 고민했다. 어떻게 하면, 아이들이 서론-본론-결론을 익힐 수 있을까? 좀 더 쉬운 방법으로 접근할 수 있지는 않을까? 생각하면서 만들어낸 것이 '1, 2, 3으로 쓰기'이다.

"엄마, 닌텐도 스위치 사 주세요. 왜냐하면, 닌텐도 스위치가 있으면 공부 스트레스를 풀 수 있어요. 그럼, 공부도 더 열심히 할 것 같아요. 그래서 엄마, 나는 닌텐도 스위치를 꼭 갖고 싶어요."

아이는 1, 2, 3에 맞추어, 자신이 하고 싶은 말을 적었다. 이 구조는 서론-본론-결론 구조이다. 1에는 자신이 하고 싶은 말을 쓴다. 2에는 1의 내용에 대한 이유를 적어준다. 3의 내용에는 다시 한번 더 자신이 하고 싶은 말을 강조해서 적어준다. 아이는 아직 어리기에, 주로 자기가 하고 싶은 이야기를 자기가 갖고 싶은 것에 대해서 이야기로 쓴다. 그래도 괜찮다. 이것을 연습하고 난 뒤 하고 싶은 말을 하고 왜 그것을 하고 싶은지 그 이유를 조금씩 말하기 시작했다. 1, 2, 3 글쓰기 연습을 하면서 말도 글도 변화가 생기게 되었다. 글과 말은 동전의 양면과 같다. 쓰는 방법을 알게 되면, 말하는 방법도 알게 되는 것이다. 여러 가지 글쓰기 효과 중 하나라고 할 수 있다. 중요한 것은, 아이들이 글쓰기의 가장 기본적인 구조인 서론-본론-결론을 배워 몸에 익혀 나가는 것이다.

아이들에게 책 쓰기 기술이 필요한 이유는 무엇인가? 이 시대에서 요구하는 능력이 책 쓰기를 하면 쉽게 얻을 수 있는 능력과 비슷하다. 요즘 가장 요구되는 능력이라면 자기 주체적인 창의성과 표현 능력일 것이다. 자기 스스로 무엇인가를 만들어내고 자신만의 삶을 꾸려갈 수 있는 것이 바로 행복이고 성공이지 않을까 생각한다. 거기에다가 자신이 알게 되고 배우게 된 것을 표현하는 능력, 그래서 더 많은 사람과 공유하고 어떤 긍정적인 영향력을 끼칠 수 있다면 정말 리더로서의 삶, 성공적인 삶이라고 할 수 있을 것이다.

책을 씀으로써 창의력이 생긴다. 그 이유를 생각해 보면 쉽게 이해가 된다. 우선, 책을 쓸 때는 책을 읽어야 한다. 작가라면 대부분 다독가인 것이 이것을 반증한다. 읽지 않고는 책을 쓰지 못한다고 말해도 전혀 틀린 말이 아닐 것이다. 책을 쓰면서 책을 읽는 이유는 아이디어를 얻기 때문이다. 한 사람이 가지는 정보에는 한계가 있다. 그 정보만으로도 책을 쓸 수는 있지만, 그것보다 다양한 관련 정보와 자료들을 얻게 된다면 더 많은 사람에게 읽히는 책이 될 수 있는 것이다. 그래서 작가들은 1권의 책을 쓰기 위해, 최소한 20권 이상의 책을 읽는다고 하는 것이다. 나 역시 마찬가지로, 내가 쓰는 주제와 관련된 책들을 최소 20~30권 이상 읽으면서 쓴다. 아이디어를 얻는 것은 물론, 글감이 딸릴 때에도 책으로부터 글감을 찾아내기도 한다. 이렇게 쓰기 위해서 읽지만, 그 읽는 책의 양이 한 권 한 권 쓸 때마다 차곡차곡 나의 뇌리에 쌓여가게 된다. 물론 다 기억하지는 못하더라도, 의식이나 무의식의 어느 한 곳에는 남아 있을 것이다. 그래서 어떤 계기가 되면 나의 잠재의식은 그것을 나의 의식으로 밀어내게 된다.

이렇게 쓰면서 읽음으로 나는 안 쓰는 사람보다는 많은 아이디어로 창의적이 된다. 창의성의 특별한 특징 중 하나는 한 가지 주제에 대해 다양한 아이디어를 낼 수 있다는 것이다. 책을 쓰는 사람들은 이런 부분에서 심신이 특화되어 간다고 할 수 있겠다. 왜냐하면, 책을 쓰기 전 주제를 정해서 다방면의 독서와 사색을 하게 되고 그로 인해 많은 아이디어를 가지게 된다. 그런데 보통 한 가지 주제만 죽어라고 쓰는 작가는 또 없다. 책을 쓰는 주제도 진화를 한다. 나의 경우, 인생 첫 책의 주제로 쓴 것이 '독서법'이었다. 그다음 주제는 '새벽'이었다. 그리고 '필리핀 세부', '포스팅 독서법', '의식', '책 쓰기' 등 다양한 주제들로 계속 영역이 넓어지고 있다. 이렇게 한 주제, 한 주제 쓸 때마다 그 주제에 있어서는 어느 정도 수준 이상으로 올라섰다고도 할 수 있다. 그 주제에 대해서만큼은 다양한 지식과 사고로 창의성을 띠게 될 것이다. 책을 쓰면서 나의 머리에 쌓인 주제들끼리 서로 융합의 기회들도 있다. 점점 더 다양하고 색다른 아이디어를 내고 좀 더 창의적인 사람이 되어 간다. 아마 대부분 작가의 머리에 이런 창의성은 기본으로 겸비하고 있을 것이라 생각한다.

책을 쓰게 되면 표현력도 좋아진다. 글과 말을 다 나의 삶의 도구로 자연스럽고 부담없이 사용하게 된다. 내가 아이들에게 집 공부로 시키는 1, 2, 3 문단 만들기로 아이들은 조금씩 변화되고 있다. 처음에는 엄마에게 하고 싶은 이야기를 툭툭 내뱉듯이 말했다. 하지만 지금은 조금 논리적인 표현을 하기 시작한다. 엄마에게 무엇인가를 부탁할 때도 할 말만 하는 것이 아니라, 자신이 필요한 것들에 대한 이유를 나름대로 생각해서 말한다. 이 얼마나 기특한가? 아이가 정성껏 서론, 본론, 결론의 형식을 갖춘 1, 2, 3 방식으로 이야기하니까, 듣고 싶지 않은 내용이더라도 유심히 아이의 마음을 들으려 하게 된다. 책을 쓰는 데 가장 기본이 되는 이 방법이 글을 쓸 때뿐 아니라, 말을 할 때에도 적용되니 당연히 표현력은 좋아지게 되는 것이다. 나 또한, 처음에는 글 쓰는 이 방식에 익숙하지 않아 글을 쓰는 것이 쉽지 않았다. 하지만 1꼭지 글을 쓰면서 서론-본론-결론에 대한 생각들이 머리에 꽉 들어차면서 글을 쓸 때뿐 아니라, 말을 할 때도 그 방식으로 하게 되었다. 그럼으로써 글도 말도 좀 더 조리 있게, 아이들에게나 남편에게 또는 가족이 아닌 다른 사람들에게도 내가 말을 하기가 좀 더 편안해졌다. 듣는 사람도 역시 마찬가지로, 편안하게 이야기 요지를 빠르게 파악하는 눈치였다. 글만 썼을 뿐인데, 말하는 방식까지 교정이 되고 의사소통이 원활해졌다.

책을 쓰는 엄마들은 자연스럽게 아이들에게 책 쓰는 기술을 보여 주고 가르친다. 왜냐하면, 엄마부터 스스로 변화가 일어나기 때문이다. 매일같이 글을 쓰면서, 1꼭지 쓰기 방식대로 논리적으로 사고하고 말을 하게 된다. 아이들은 자신들의 가장 큰 환경인 엄마로부터 자연스럽게 배우게 된다. 책 쓰는 엄마가 풍기는 분위기에 아이들도 무의식적으로 책 쓰는 교육을 받게 된다. 이 시대에 필요한 능력을 엄마가 먼저 실천하고 보여줌으로써, 아이들은 자동으로 그 영향을 받아 엄마처럼 변화될 가능성이 높아진다. 엄마들이 책을 써야 할 이유 중 하나가 여기에 있는 것이다. 창의성과 표현력이 필요한 미래를 살아갈 아이들을 미리 준비시켜주는 역할을 책 쓰는 엄마가 해줄 수 있다.

책 쓰는 엄마라면, 아이에게 필요한 창의성과 표현 능력을 갖추도록 도와줄 수 있다. 아이에 있어서는 모든 엄마가 같은 마음이다. 미래를 살아가기에 필요한 능력을 갖추기를 바란다. 이 시대에 가장 필요한 능력이라면, 아마도 창의력과 표현력이지 않을까 생각한다. 창의력으로 자신의 삶을 창조하고, 자신의 일도 창의적으로 성과를 많이 내기를 바란다. 달성된 성과를 공유하기 위해 강의를 하고 또한 책을 쓸 수 있다면, 정말 금상첨화의 삶이 되지 않을까 생각해 본다. 이 두 가지를 책 쓰는 엄마라면 충분히 아이에게 영향을 줄 수 있다고 생각한다. 왜냐하면, 엄마가 책을 씀으로써, 아무래도 이런 능력을 갖추어 몸에 익힐 수 있기 때문이다. 엄마가 먼저 해보고 좋은 것들은 아이들도 하게 하고 싶은 것이 부모의 마음이다. 책 쓰기를 해보니, 그 어떤 배움보다 가치 있다는 것을 느낀다. 책 하나 씀으로 인해, 다양한 능력을 기를 수 있고 삶을 풍요롭고 행복하게 살 수 있을 것이란 생각을 하게 된다. 가치 있는 책 쓰기, 엄마가 먼저하고 아이들에게 보여주고 가르쳐 주기를 바란다. 엄마들이 책을 쓴다면, 아이들은 4차 산업혁명 시대에 가장 필요한 능력을 기를 기회를 가지게 될 것이다.

육아로 인한 스트레스, 책 쓰기로 판을 바꾼다

육아 스트레스, 없다면 거짓말이다. 아이를 키우는 엄마들은 누구나 육아 스트레스를 가지고 있다. 간혹, 육아 스트레스로 파생된 이상 심리 변이로 인해 일어날 수 없는 사건사고들이 세간에 발생하고 있다. 그 정도는 아닐지라도 엄마라면 다소 경중의 차이는 있겠지만 육아 스트레스를 받고 있다. 이런 육아 스트레스, 그냥 두면 병이 된다. 병이 되지 않도록 스트레스 관리가 필요한데, 그 관리 방법의 하나로 책 쓰기를 나는 추천한다.

요즘처럼 아이들이 집에 있는 시간이 많은 경우도 없다. 코로나 사태 이후로 아이들은 바깥 활동이 줄어들었다. 사실, 아이뿐 아니라 모든 사람이 집 밖 활동을 자제하고 대면 활동이 있어도 꼭 필요한 경우 아니면, 유선으로 해결하는 상황이다. 어쩌겠나? 이런 상황이다 보니, 엄마들의 일은 더 많아지고 있다. 아이를 케어하는 엄마들은 더 많은 스트레스 상황에 놓였다.

엄마들의 스트레스 요소 중의 하나는 아이들에게 무엇을 잘 먹일까 하는 고민도 있다. 아이들은 집에서 보내는 시간이 많기에, 하루 세끼를 집에서 먹는다. 아이들의 나이에 따라 먹이는 고민이 다를 수 있지만, 엄마라면 기본적으로 한창 크는 시기의 아이들의 영양 상태를 생각 안 할 수 없다. 나는 아이들에게 항상 말한다. '키는 20살까지만 크는 거야. 이때 잘 먹지 않으면, 작은 키로 평생 살아야 해.'라며 협박 비슷하게 겁을 준다. 초등학생 5학년인 딸은 벌써 외모에 신경을 쓴다. 밥을 먹는 둥 마는 둥 신경이 보통 쓰이는 것이 아니다. 그래서 딸아이의 입맛에 맞는 것을 해주려고 노력한다. 요리 솜씨가 좋은 엄마들은 후딱후딱 해서 잘도 먹이겠지만, 요리에 취약한 엄마들에게는 요리하는 것이 쉽지가 않다. 요리가 서툰 사람의 특징은 요리 시간도 많이 걸린다는 것이다. 최대한 노력해서 요리하지만, 맛이 별로일 경우 기운이 빠진다. 그래도 내 아이를 위한 일이니 즐거운 마음으로 키 크는 음식들, 영양에 좋은 음식 재료를 사 와서 음식을 만든다. 하루 3번, 특히 코로나 이후로 늦잠 자는 아이들, 거기에다가 일어나는 시간도 달라서 2명이면 한 끼에 2번씩 상을 차린다. 스트레스를 안 받을 수 없다. 직장 맘은 직장 맘대로, 집에 있는 엄마들은 엄마대로 아이들 먹이는 것 때문에 스트레스이다.

 코로나 사태가 아이들에게 미친 가장 큰 직접적인 영향은 학교에 못 간다는 것이다. 학교 대신에 집에서 온라인 수업을 받고 있다. 온라인 수업, 선생님들도 아이들도 혼란스러웠을 것이다. 처음 하는 것은 다 혼란스럽다. 완전히 새로운 시스템을 삶에 장착하는 일이니 더욱 그럴 것이다. 온라인 수업이 그렇다. 그래도 잘 시작하고 1학기 내내 잘 진행되었다. 그래도 엄마들이 해야 할 역할이 많다. 아이들은 온라인 수업 중에, 담임선생님에게 과제를 제출해야 한다. 제출 방식은 핸드폰으로 사진을 찍어서 내기도 한다. 아마도 학교마다, 학년마다, 담임마다 조금씩 다른 듯하다. 온라인 수업 자체에서도 내는 과제가 따로 있다. 이렇게 아이들이 과제를 제출해야 하는 것이 있는데, 이것이 어떤 아이들에게는 쉽지가 않다. 우리 아이들이 그렇다. 필리핀 1년 반을 다녀오면서 학교 공부도 많이 뒤처진 상태이다. 필리핀에서 영어에 조금 익숙해진 반면 한국 정규 교과 과정 수업이 아무래도 부족한 것이다. 그래서 온라인 수업을 듣는 시간 동안 나는 아이들을 도와주어야 했다. 그 시간이 최소 2시간 이상은 된다. 정말, 내가 온라인 수업을 듣는 학생 같은 느낌을 받는다. 선생님이 전화로 친절히 아이들에게 알려주시지만, 그것도 한계가 있다. 직접 얼굴 보고 배우는 것이 아니기에 갖게 되는 한계이다. 아이들 가르치는 스트레스가 코로나19 상황인 요즘 엄마들의 새로운 스트레스가 된 것이다. 직장 맘 또한, 옆에서 직접 가르쳐 주지 못해서 신경이 쓰이고 있다고 한다.

나는 주말에 남편에게 아이들 공부 좀 봐주라고 이야기했다. 남편은 별로 내켜 하지 않았지만, 딸아이와 함께 아이의 수학 문제집을 풀기 시작했다. 나는 안방에서 작업하고 있었는데 얼마 지나지 않아 남편의 고함소리가 들렸다. 딸아이도 지지 않을 기세로 덩달아 고함을 지른다. 정말, 이게 뭔가! 공부하라고 했더니 부녀가 언성을 높여 싸움 중이다. 남편은 아이가 기본적인 것도 모른다며 화를 내고 있었고, 딸아이는 아빠와 공부 못하겠다고 고함을 치고 있었다. 딸아이는 아빠를 믿는 구석이 있으니, 고함을 치는 것일 것이다. 평상시, 그래도 표현은 무뚝뚝하지만 다정다감한 아빠가 화를 내니 딸아이는 몹시 서운한 마음이 들었겠고 그것을 고함으로 표현했을 것이다. 결국 나는 중재에 나섰다. 정말, 잠시도 편할 날이 없다. 남편이 아이 성미를 맞추어 가면서 살살 달래기도 하고 어르기도 하면서 공부를 봐주면 얼마나 좋을까? 한숨이 절로 나왔다. 이 또한 스트레스였다.

집에서도 엄마가 스트레스를 해결할 수 있는 간단한 방법이 있다면 혼자만의 시간을 갖는 것이다. 단 30분이라도 좋다. 혼자 조용히 있다 보면 마음이 가라앉고 새로운 에너지를 얻는다. 만약, 책 쓰기를 시작한다면 이런 혼자만의 시간을 자주 가지게 된다. 읽고 쓰기 위해서 혼자만의 시간을 찾게 되기 때문이다. 혼자서 휴식을 취하거나 음악을 듣거나 모든 것들이 엄마들의 정신건강에 좋다. 하지만 책 쓰기는 이런 모든 것들보다 더 강력한 방법이라고 말하고 싶다. 오로지 혼자만의 시간이면서 함께 교감하고 나누는 시간이 되기 때문이다. 혼자서 책을 쓰면서 책을 읽게 되는데, 책을 읽는 것은 전문가들로부터 상담을 받는 일이 되기도 하기 때문이다. 하나하나 읽고 쓰면서 나의 마음은 새로운 느낌으로 채워진다. 비록 현실에서 바쁘고 정신없이 육아에 영혼을 빼앗기지만, 책 쓰는 이 시간은 오로지 나 자신에게 집중할 수 있는 시간이 된다. 스트레스 푸는 가장 좋은 방법이 몰입하는 것임을 책 쓰기를 통해서 느낄 수 있다. 엄마들이 하루 1~2시간이라도 자신만의 존재감을 느끼며 시간이 보낸다면 개운한 머리 상태로 회복될 것이다.

책 쓰기를 하기 때문에 육아도 더 잘할 수 있다고 말하고 싶다. 육아도 힘들지만 책 쓰기는 더 힘들지 않으냐고 생각할 수 있겠지만, 사실은 아니다. 조금만 자세히 들여다보면, 이것은 겉모습일 뿐이다. 책 쓰기를 하기 때문에 육아도 할 만한 것이 되는 것이다. 나에게도 책 쓰기는 그런 존재이다. 책 쓰기를 함으로써, 육아의 스트레스를 풀 수 있었다. 읽고 쓰는 그 과정이 나에게 숨 돌릴 시간이 되기 때문이다. 잘하든, 못 하든 육아의 완충 지역으로 삼은 것이 책 쓰기 시간이라 여기게 되었는데, 책 쓰기를 통해서 오로지 혼자서 자신의 전체적인 삶을 되돌아보는 시간을 가지게 되었다. 과거의 나, 현재의 나, 앞으로 다가올 미래의 나를 책 쓰기를 통해서 점검하고 만들어 갔다. 책 쓰기는 그럴 수밖에 없다. 사례를 찾기 위해 과거를 되짚어보게 되고, 현재의 나를 제3의 눈으로 바라보면서 객관적인 시선으로 나를 보게 된다. 그리고 미래는 현재의 나의 선택으로 가능하다는 생각을 가지게 된다. 오늘이 쌓여서 미래가 됨을 알기 때문이다. 육아 속에서 나를 잃지 않고, 더욱 단단히 발견하게 된다. 육아하면서 책 쓰기를 한다면, 육아는 물론 나의 발견과 나의 변화를 한꺼번에 잡을 수 있다. 완전 인생이 바뀌는 계기가 육아와 책 쓰기로 인해 마련되는 것이다.

　다양한 육아 스트레스가 있다. 요즘처럼 코로나19라는 신종 전염병으로 모든 야외활동을 최대한 자제해야 하는 상황에서 육아의 스트레스 수치는 측정 불가하다. 먹이는 것 하나에서부터 공부시키는 것까지, 또한 24시간 아이들과 함께함으로써 엄마들의 시간과 공간은 없다. 그렇다고 코로나 상황에서 밖으로 나갈 수도 없다. 어린아이들을 두고 마음 편히 어디를 갈 수 있겠는가? 역시 엄마들의 스트레스를 해결할 곳은 집 안이다. 가정에서 엄마들의 육아 스트레스를 날려버려야 하는데, 그 방법으로 책 쓰기만큼 확실한 방법이 없다. 처음에는 책 쓰는 방법 자체를 익혀야 하지만, 어느 정도 익히면서 꾸준히 필사도 하다 보면 책 쓰기는 육아 스트레스를 날리는 나의 비법으로 자리 잡게 될 것이다. 육아의 가장 큰 스트레스는 아마도, 혼자 있는 시간이 없다는 것일 것이다. 책을 쓰기 위해서라도 혼자만의 시간을 찾아 새로운 시간을 확보하려 노력하게 되고, 이것이 가능해지는 순간, 육아의 스트레스는 새로운 성장의 발판이 되는 것이다. 스트레스 없이 새로운 시작과 도전은 없다. 육아 스트레스로 엄마들의 멋진 책 쓰기가 시작되기를 바라본다.

책 쓰기로 엄마의 삶을 재세팅해라

책 쓰기, 누구나 할 수 있는 시대가 되었다. 아직 책을 쓰지 못했다면, 단지 기회를 만들지 못했기 때문일 것이다. 인스타그램이나 페이스북의 글들을 보면, 정말 술술 잘도 쓰는 사람들이 많다. 오히려 그들은 7권을 출간한 나보다도 더 작가처럼 쓴다. 아쉽게도, 그들은 아직 책을 출간하지 않고 있다. 왜일까? 어떻게 하면 그들의 삶과 메시지를 책으로 만나 볼 수 있을까? 나는 그들의 이야기를 책으로 만나길 바란다. 그들은 마음이 없는 것도 아니다. 본인도 작가가 되고 싶다고, 가끔 마음을 표현하는 글을 쓴다. 책 쓰기, 용기가 필요하다. 처음 시작하면 어색하지만 두 번째 날은 첫날보다 좀 더 익숙해진다. 용기를 가지고 시작해서 SNS 하듯이 조금씩 써 내려가면 좋겠다.

엄마라는 역할을 할 때가 책을 쓰는 적기이다. 책 쓰기를 버킷리스트로 가지고 있던 사람이라면, 엄마가 된 지금이 버킷리스트에서 책 쓰기 항목을 삭제할 때이다. 책 쓰기를 생각지도 않은 사람이라도, 글을 아주 잘 쓰지 못하는 사람이라도, 엄마라면 나는 책 쓰기를 권하고 싶다. 우리는 처음부터 엄마가 아니었다. 엄마가 되어가는 것일 뿐이다. 공부를 하나 안 하나, 책을 쓰나 안 쓰나 여전히 엄마이겠지만 책 쓰기를 통해서 엄마의 역할을 더 쉽게 할 수 있고 엄마 자신에게 새로운 삶이 되는 계기를 만들 수 있다. 무엇보다 아이들에게도 좋은 영향을 미친다. 한국의 많은 엄마들이 아이는 물론 엄마 자신을 위해서 책 쓰기는 꼭 도전했으면 하는 마음이다.

책 쓰기를 하는 엄마들에게 많은 삶의 변화가 찾아온다. 엄마이기에 책 쓰기 효과는 훨씬 크다고 할 수 있다. 우선 육아로 지치고, 우울하기까지 한 엄마들의 삶이 새롭게 변화된다. 엄마들이 변화됨으로 인해, 주변 모든 환경에 긍정적인 영향을 미치게 된다. 특히, 아이들이 가장 좋은 영향을 받게 된다. 이런 책 쓰기, 엄마들의 삶뿐 아니라 아이들의 삶까지도 긍정 변화의 급물살을 타게 한다.

우선, 엄마들이 책을 씀으로써 엄마들은 작가의 삶을 살게 된다. 육아하면서 틈틈이 글을 쓰고 책이라는 결과물도 낸다. 이 생활이 정착된다면, 책 쓰기를 육아에서 떼어낼 수가 없다. 육아를 위해서 책 쓰기가 존재하고 책 쓰기를 위해서 육아는 많은 글감을 제공하며 공존하게 된다. 그렇게 삶의 변화들은 생겨난다. 구체적인 변화는 온라인 서점에 내 이름을 검색하면, 내가 쓴 책이 화면에 나타난다. 이것이 묘하게 육아로 인해 자의 반, 타의 반으로 단절된 경력을 다시 연결해 주는 듯한 뿌듯함이 생긴다. 육아로 인해, 나만 집에서 도태된 듯한 느낌을 받아 우울했던 기분을 순식간에 날려버린다. 그래서 나는 수시로 온라인 서점에서 내 이름을 검색해 본다. 기분이 좋지 않을 때, 감정조절에 실패해서 아이들에게 해서는 안 되는 말을 하고 좌절감을 느낄 때도 검색을 한다.

'그래, 나는 이런 사람이야. 내가 이래서는 안 되지.'

스스로 마음을 추스르고, 더욱 멋진 엄마가 되어보리라 다짐하게 된다. 작가의 삶을 살게 됨으로 온라인 서점에 나의 이름과 책을 확인하고, 자신의 가치를 재인식하며, 육아에 쏟을 힘을 얻게 된 것 이상으로 좋은 점이 또 있다. 책 쓰기를 하면서 나만의 시간을 가지게 되었다는 것이다. 책 쓰기를 하면서 혼자만의 시간은 많아진다. '찾고자 하면 못 찾을 것이 없다.' 육아에서도 똑같다. 엄마들에게 혼자 있는 시간은 육아를 더 잘하기 위한 일보 후퇴의 시간이기도 하다. 결국은 그렇게 된다. 조용히 사색의 시간을 가지고 책을 읽으면서 다른 엄마들은 어떻게 살아가는지 엿보기도 하고, 좋은 아이디어는 나의 삶으로 가져온다. 또 하루를 잘 살아가는 시간을 만들어 내는 엄마들의 혼자 있는 시간, 책을 씀으로써 더 많이 갖게 되고 엄마의 삶과 육아도 챙기게 되는 것이다.

엄마로서의 삶, 많은 공부가 필요하다. 그 공부를 가르쳐 주는 곳은 특별히 없다. 맨땅에 헤딩하는 기분으로 엄마들 각자 각개전투로 임해야 한다. 엄마들이 공부해야 하는 이유는 다름 아닌, 알아야 하기 때문이다. 아이를 잘 키우는 법, 아이가 아플 때 집에서 간호하는 법, 아이들 나이별 발달에 도움이 되게 하는 법, 엄마가 지칠 때 스트레스 푸는 법, 엄마가 우울

할 때 우울감에서 벗어나는 법, 아이들 성장과 발달을 위해 도움이 되는 공부법, 미래를 살아갈 아이들의 재능을 키우는 법 등 엄마들이 알면 알수록 좋은 공부들이 수도 없이 많다. 아이를 위해서, 엄마 자신을 위해서 성장해야 하는데 이 방법으로 책을 읽고 쓰는 것만큼 쉽고 좋은 방법이 없음을 나는 말하고 싶다. 책을 가까이하기에 익숙하지 않은 엄마들도 있겠지만, 엄마이기에 아이들이 책을 가까이했으면 하는 그 마음으로 자신이 먼저 책을 가까이하길 바란다. 그리고 아이들이 말뿐 아니라 글로도 자유자재로 쓰기를 바라는 마음으로 엄마가 먼저 쓰는 것이다. 책을 읽고 씀으로써 엄마들은 성장하게 되고, 엄마의 성장은 곧 아이들의 성장으로 이어진다.

　육아가 아무리 힘들다고 하더라도 육아만 한 경험과 배움, 인생 변화도 없다. 당장 육아를 하는 엄마들은 심신이 힘들다. 따라다니면서 아이들을 돌보아야 한다. 하지만 세상 그 어떤 경험보다 행복감을 안겨주는 것이 또한 육아이다. 반대되는 두 가지 얼굴을 명확하게 가지고 있는 것이 육아는 실체이다. 육아로 엄마들의 삶이 변화된다면, 육아가 엄마들의 인생을 확 바꾸어 놓았다고 해도 과언이 아닐 것이다. 육아 때문에 세상에 못 할 일은 없다고 정신무장부터 하고, 이제 엄마들이 육아를 통해서 새로운 삶을 만들어 가길 바란다.

　나는 육아를 했기 때문에 작가가 되었다고 말하고 싶다. 육아가 아니었다면, 책을 써야겠다고 생각하지 못했을 것이다. 육아하면서 공부의 필요성을 뼈저리게 느끼게 되었고, 그때부터 책을 읽으면서 공부하기 시작했다. 읽으면서 알아야 할 것들을 알게 됨으로 나름의 교육 철학이 생기게 되었다. 육아서를 어느 정도 읽고 나의 관심은 다른 새로운 세계로 건너갔다. 사실, 내가 아는 세상은 지극히 좁은 세상이었다. 책과 가까이하지 않았기에 경험을 통해서 알게 된 세상이 전부였기 때문이다. 경험치로 세상을 알기에는 세상은 너무 넓고 깊은 곳이다. 그래서 육아서 외에 다른 세상을 간접적으로 알기 위해 책을 읽었다. 그렇게 5년간 독서함으로 많은 세상을 접하게 되었고, 책도 써보자는 생각을 드디어 하게 되었다. 나의 생각은 현실이 되었고, 현재 여러 권의 책을 출간했다. 결국 육아라는 나의 상황이 없었다면, 내가 육아서를 읽지 않았다면, 나는 작가가 되지 않았을 것이다. 육아가 나에게 작가라는 새로운 삶을 안겨다 준 것이다.

엄마가 책 쓰기를 하기 전, 해야 할 것으로 추천하고 싶은 것은 필사이다. 필사를 통해서 많은 것들을 얻을 수 있다. 만약 필사에 대한 선입견을 가지고 있다면, 새로운 시각을 가져야 한다. 의외로 자신의 생각을 글로 써내는 것은 연습이 필요하다. 책 쓰기에 필요한 A4 2장 쓰기는 서론-본론-결론의 양식에 맞추어 쓰는 연습을 어느 정도 하고 시작함이 좋다. 그래서 자신의 관심 있는 주제로 이왕이면, 다른 작가의 첫 책으로 필사를 시작하는 것이다. 필사하면서 많은 변화와 생각이 생길 것이다. 이런 변화와 생각은 나의 책 쓰기에 탄탄한 실력으로 자리 잡게 될 것이다. 필사로 시작해서, 하루 한 꼭지 쓰기를 실천하도록 노력해 보자. 노력도 하지 않고 스스로 한계를 짓지 말고, 일단 해보는 것이다. 혹자는 말한다. 책을 쓴 사람과 책을 쓰지 못한 사람의 가장 큰 차이는 책을 쓴 사람은 되든 안 되든 덤벼들었다는 것이다. 미리 부정적인 결과를 정해두고, 책 쓰기를 그것에 맞추지 말아야겠다.

책 쓰기로 엄마의 삶을 재세팅하길 바란다. 엄마의 삶이 비록 여유롭지 않고 녹록지 않지만, 충분히 책 쓰기를 할 수 있다. 무엇이든지 그렇다. 처음이 두렵고 용기 내기 힘든 것이지, 처음의 시기를 잘 넘긴다면 육아하는 엄마의 삶은 새로운 모습으로 변화될 것이다. 아이들은 아이들대로 작가가 된 엄마들에 대해 자랑스러운 마음을 갖게 된다. 엄마처럼, 책을 읽고 책도 쓰겠다는 꿈을 가지게 될지도 모른다. 이것 하나만으로도 엄마가 책을 써야 하는 이유는 충분하다. 책이 삶에 미치는 긍정적인 효과는 한두 가지가 아니다. 책 쓰는 엄마를 보고 배운 아이들은 책을 가까이함으로써, 미래사회에 꼭 필요한 창의성과 표현력이란 능력을 자연스럽게 키워나갈 것이다. 책 쓰는 엄마가 그런 환경을 가정에서 만들 수 있다. 엄마도 작가로서, 원한다면 강사로서 새로운 삶을 살수 있게 된다. 또한, 삶이 책이 되는 삶을 살게 됨으로써 수많은 시련과 어려움도 글감으로 인지하며 극복의 힘을 얻게 된다. 엄마가 책을 씀으로써 아이의 삶은 물론 엄마의 삶도 재세팅된다. 엄마들의 책 쓰기가 바로 김미경 작가식 표현으로 '재부팅'에 해당되는 셈이다. 책 쓰기, 이제 엄마들의 삶이 되었으면 한다. 나도 엄마가 되고서 책 쓰기를 시작했다. 먼저 책을 쓴 내가 엄마들에게 가장 바라는 것이 바로 책 쓰기이다. 아이에게도 엄마들에게도 새로운 삶이 펼쳐지게 할 책 쓰기, 엄마들이여 꼭 도전하시길 바란다.

엄마의 책쓰기

초판 1쇄 발행 | 2021년 11월 22일

지은이 | 나애정
펴낸이 | 김지연
펴낸곳 | 생각의빛

주 소 | 경기도 파주시 한빛로 70 515-501
출판등록 | 2018년 8월 6일 제 406-2018-000094호

ISBN | 979-11-6814-001-1 (03190)

원고 투고 | sangkac@nate.com

ⓒ 나애정, 2021

* 값 13,300원

* 생각의빛은 삶의 감동을 이끌어내는 진솔한 책을 발간
하고 있습니다. 참신한 원고가 준비되셨다면 망설이지 마
시고 연락주세요.